Interaktionsspiele für Kinder, Teil 1

Band 10 der Reihe

LEBENDIGES LERNEN UND LEHREN

INTERAKTIONSSPIELE FÜR KINDER TEIL 1

Affektives Lernen für 8- bis 12-jährige

Klaus W. Vopel iskopress

Interaktionsspiele für Kinder, Teil 1
ISBN 978-3-89403-271-5
(Lebendiges Lernen und Lehren, Band 10)
11. Auflage 2015

Teil 1 der Reihe Interaktionsspiele für Kinder.
Affektives Lernen für 8- bis 12-jährige 1-4
ISBN 978-3-89403-270-8

Umschlag: Mathias Hütter, Schwäbisch Gmünd
Satz und Layout: Alrun Kerksiek
Druck und Bindung: Strauss GmbH,
Mörlenbach

Bibliografische Information der
Deutschen Bibliothek
Die Deutsche Bibliothek verzeichnet diese Publikation in der
Deutschen Nationalbibliografie;
detaillierte bibliografische Daten sind im Internet
über http://dnb.ddb.de abrufbar.

INHALT

EINLEITUNG

WIE WIRKEN INTERAKTIONSSPIELE?

Im Unterschied zu konventionellen Lernverfahren, die vor allem die intellektuelle Einsicht ansprechen, beziehen Interaktionsspiele den ganzen Lernenden ein, seine Gedanken und seine Gefühle, seine Kenntnisse und seine Neugier, insbesondere auch seinen Spieltrieb.

Viele Menschen beneiden immer wieder die Ernsthaftigkeit und die Energie, mit der sich Kinder ihrem Spiel hingeben. Dabei können wir beobachten, dass Kinder die Regeln von Spielen viel bewusster einhalten als die Regeln, die beispielsweise in der Familie oder im Klassenzimmer gelten. Kinder, die Regeln beim Spiel brechen, werden von ihren Kameraden heftig angegriffen, während Schüler, die im Unterricht stören, normalerweise mit dem Verständnis ihrer Altersgenossen rechnen können. Die Teilnahme an einem Spiel bedingt für Kinder immer die Anerkennung der Regeln. Die Welt ihres Spiels ist eine magische Welt mit eigenen Gesetzen von Raum und Zeit und eigenen Standards über akzeptables Verhalten.

An diese wirksamen Kräfte knüpfen Interaktionsspiele an. Sie geben den Leitern von Kindergruppen die Möglichkeit, die psychologische Energie des Spiels für geplante Lernprozesse zu verwenden. Sie fördern die Kinder in ihrer Sozialisation und Persönlichkeitsentwicklung und geben ihnen die Möglichkeit, verschiedene bereits vorhandene Einsichten, Fähigkeiten und Fertigkeiten zu testen, weiterzuentwickeln und zu integrieren. Die Verwendung von Interaktionsspielen gestattet dem Gruppenleiter, ein breites Spektrum von Lernzielen im psychosozialen Bereich unter Berücksichtigung der kognitiven und affektiven Dimensionen wirksamer zu realisieren, als das bei den meisten konventionellen Lerntechniken der Fall ist. Folgende Punkte erklären die Wirksamkeit der Interaktionsspiele:

Aktive Beteiligung

Normalerweise möchte jedes Kind aktiv sein und in einer Gruppe dazu beitragen, dass sich etwas ereignet. Leider sind viel zu viele Lernsituationen auf Passivität und Rezeptivität der Kinder angelegt. Sie werden mit Informationen gefüttert und sollen Antworten geben auf Fragen, die sie selbst nicht gestellt haben. Von ihnen wird ständig passive Aufmerksamkeit verlangt und vorausgesetzt.

Es ist kein Wunder, dass solche Lernsituationen Apathie und Langeweile hervorrufen. Sie lassen zu wenig Raum für die Entfaltung der natürlichen Neugier und für das natürliche Aktivitätsbedürfnis der Kinder. Wenn sie den Eindruck gewinnen, dass sie kaum Einfluss auf ihr Lernen haben und dass sie bestimmte Dinge lernen sollen, dann ziehen sie sich leicht zurück und wenden alle Verteidigungsmechanismen an, um nicht manipuliert zu werden. Im Unterschied zu diesen traditionellen Lernsituationen geben Interaktionsspiele den Kindern die Möglichkeit zur aktiven Beteiligung: Sie können ihre eigenen Gefühle ins Spiel bringen, mit anderen verbal und nonverbal kommunizieren, unterschiedliche Rollen spielen, sich körperlich bewegen, Beziehungen klären, Verhandlungen führen, sich auseinandersetzen, Entscheidungen treffen. Sie können ein breites Spektrum von Aktionen erproben, die alle bewirken, dass durch sie und mit ihnen in der Gruppe etwas geschieht. Sie bewirken selbst bestimmte Ereignisse; sie sind das Subjekt von Handlungen und nicht nur lebende Briefkästen für die didaktische Weisheit des Gruppenleiters.

Feedback

Die Kinder experimentieren mit eigenem und fremdem Verhalten und werden sich darüber klar, was und wie sie etwas getan haben. Sie verhalten sich in irgendeiner Weise und bekommen durch das eigene bewusste Erleben und vonseiten der anderen Kinder eine sofortige Rückmeldung. In ein und derselben Lernsituation können sie agieren und zugleich die Konsequenzen ihres Handelns und Verhaltens erfahren. Dadurch wird ein wertvoller Verstärker des Lernens genutzt.

Wichtig ist auch die Qualität des Feedbacks, das die Kinder bekommen. In traditionellen Lernsituationen ist dies sehr künstlich. Es kommt in Form einer Note oder als ein „Richtig“ oder „Falsch“ des Lehrers. In einem Interaktionsspiel ist das Feedback nicht nur schnell da, es kommt auch ganz natürlich. Hier arbeitet die Struktur des Spiels für die Kinder. Sie erfahren die Auswirkungen durch bewusstes Registrieren der eigenen Gefühle und Gedanken; sie hören von den Mitspielern, wie diese auf ihr Verhalten reagieren.

Mein gesamtes Verhalten, verbale und nonverbale Signale, all das wird beachtet, sodass ich bei weiteren Verhaltensschritten die Reaktionen der anderen berücksichtigen kann. Ich kann auch an meinen eigenen Gefühlen feststellen, ob mir das, was ich tue, gefällt, oder ob ich mich lieber anders verhalten möchte. Ich bin nicht mehr so abhängig davon, dass die Autorität des Gruppenleiters mich als „okay" einstuft. Es geht auch nicht mehr nur um richtige oder falsche Ergebnisse, sondern um viel differenziertere Einschätzungen.

Inhaltliche und zeitliche Grenzen

Interaktionsspiele geben den Kindern nicht nur die Möglichkeiten, aktiv zu werden und Feedback zu bekommen, sondern sie bieten ihnen immer auch ein spezifisches Ziel. Am Ende eines Interaktionsspiels gibt es die Auswertungsphase, in der besprochen wird, was während des Experiments geschehen ist. Das Bewusstsein, eine Aktion definitiv abzuschließen, fehlt bei den meisten konventionellen Lernsituationen. Es gibt zwar z. B. am Ende einer Diskussion oder am Ende einer Schulstunde für die Kinder auch das Gefühl, einen bestimmten Abschluss erreicht zu haben, aber in der Regel ist es für sie eine sehr viel stärkere Erfahrung, ein Interaktionsspiel abzuschließen. Das hängt damit zusammen, dass das Interaktionsspiel genau definierte Grenzen hat, und zwar zeitlicher und inhaltlicher Art, welche die psychische und intellektuelle Energie der Kinder mobilisieren. Innerhalb dieser Grenzen finden Aktivitäten statt, die oft überraschende Erfahrungen ermöglichen, sodass das Ende eines Interaktionsspiels in vielen Fällen mit einem Aha-Erlebnis abgeschlossen wird. Die Kinder verspüren eine organische Erschöpfung, die eine ganz andere Qualität hat als die Müdigkeit, die durch Mangel an Aktivität und Frustration ausgelöst wird.

Offene Ergebnisse

Während die Ziele eines Interaktionsspiels klar sind, ist das Ergebnis völlig offen – das ist ein weiterer, sehr wichtiger Punkt. Kein Kind weiß, was bei einem Interaktionsspiel herauskommt, welche Ergebnisse es geben wird, wie die anderen reagieren werden usw. Die meisten Kinder werden in ihrer Initiative und Kreativität sehr gebremst, wenn sie wissen, dass sie etwas tun, dessen Ergebnis bereits von vornherein festliegt. In einem Interaktionsspiel gibt es keine richtigen und falschen Lösungen. Die Wirklichkeit wird respektiert, und über Zweckmäßigkeit und Unzweckmäßigkeit einer bestimmten Verhaltensweise entscheidet der Einzelne selbst; er kann dazu seine eigenen inneren Reaktionen und die Rückmeldungen der anderen Teilnehmer befragen.

Interaktion

Viele Interaktionsspiele machen sich die Energien zunutze, die normalerweise als störend für geplante Lernprozesse angesehen werden, z. B. Rede- und Bewegungslust der Kinder. In vielen Gruppen erwarten die Leiter, dass die Kinder still an Tischen sitzen, um sich ganz auf die gemeinsame Arbeit zu konzentrieren, sodass nur ein Minimum an Interaktion stattfindet. Bei den Interaktionsspielen werden häufig Arrangements benutzt, die das Bewegungsbedürfnis der Kinder berücksichtigen. Sie können bei zahlreichen Experimenten im Raum umhergehen, verbalen und nonverbalen Kontakt herstellen und ihre körperlichen Energien freisetzen. Auf diese Weise werden Kräfte, die sonst eher zu Ablenkungen und Störungen führen, dem Lernen konstruktiv zugeordnet.

Ebenso wichtig ist die verbale Interaktion mit anderen Kindern. Wer in einer Gruppe arbeitet, lernt besonders gut von den anderen Gruppenmitgliedern und wahrscheinlich intensiver und motivierter, als wenn er sich nur auf den Leiter konzentriert. Bei wenigen anderen Lernstrategien wird die Interaktion mit anderen so ermutigt. Das natürliche Kommunikationsbedürfnis der Kinder wird in konventionellen Lernsituationen oft als Bedrohung der Arbeitsdisziplin gefürchtet. Demgegenüber benutzen Interaktionsspiele auch hier die natürlichen Bedürfnisse und Energien der Kinder als Lernmedium, anstatt sie mühsam und letztlich vergebens zu unterdrücken.

Wettbewerb und Kooperation

Viele Interaktionsspiele enthalten Wettbewerbselemente. Damit berücksichtigen sie Bedürfnisse, die bei den Kindern vorhanden sind. Sie kanalisieren allerdings ihre Wettbewerbswünsche und geben ihnen eine Möglichkeit zum offenen Ausdruck. So werden Energien respektiert, die sonst als latente Rivalität das Klima der Gruppe belasten können.

Fast alle Interaktionsspiele stärken andererseits den Sinn der Kinder für Kooperation. Bei vielen Aktivitäten wird das Zusammenwirken von zwei Partnern, eines Teams oder der gesamten Gruppe gefordert. So wird die natürliche Bereitschaft der Kinder zu konstruktiver Zusammenarbeit berücksichtigt.

Gleichmäßige Partizipation

In vielen Gruppen gibt es einige Kinder, die sich besonders hervortun und besonders brillant sind. Die anderen erwarten bereits, dass diese kleine Elite die besten Ergebnisse bringt, die klügsten Ideen hat, die besten Arbeiten schreibt usw. Diejenigen, die nicht zur Spitze gehören, haben meistens die Hoffnung aufgegeben, auf ähnliche Weise erfolgreich zu sein. Ihre begrenzten Erfolgserwartungen verstärken zugleich ihre negativen Lernergebnisse. Hier geben Interaktionsspiele denjenigen eine neue Chance, die normalerweise zu den weniger Erfolgreichen gehören. Zustimmung und Anerkennung hängen nicht von Konformitätsregeln ab, die der Gruppenleiter gesetzt hat, sondern unorthodoxes, spontanes Verhalten und phantasievolles Handeln sind ebenbürtig, ja oft sogar wirksamer als konventionelles Verhalten. Verbale Fertigkeiten, die normalerweise hauptsächlich für Erfolg bürgen, werden nicht ausschließlich honoriert. Soziale Kompetenz, Offenheit und Initiative, Mut und Einfühlungsvermögen gelten hier genauso viel. Die Kinder begreifen das schnell: Sie konzentrieren ihre Aufmerksamkeit unbefangen auf das Experiment und weniger auf die Frage: „Werde ich Erfolg haben?"

Faszination

Interaktionsspiele unterscheiden sich nicht nur von normalen Lernaktivitäten, sondern auch von den Aktivitäten des Alltags auf eine immer wieder überraschende Weise. Ihre zum Teil recht ausgefeilte Struktur beleuchtet alltägliche Zusammenhänge und Situationen oft auf eine so verblüffende Weise, dass die Kinder wieder beginnen, über sich und die Welt zu staunen. Ihre vielen Aha-Erlebnisse gehören zu dem Besten, was dabei geschieht.

Gruppenkohäsion

Konventionelle Lerntechniken sind oft nicht in der Lage, eine größere Anzahl von mehr oder weniger zufällig zusammengekommenen Kindern zu einer wirklich kohäsiven Gruppe werden zu lassen. Hier liegt eine weitere Stärke der Interaktionsspiele.

Je früher sie im Leben einer Gruppe erprobt werden, desto schneller wächst die Gruppe zusammen. Das einzelne Kind hat dabei das Sicherheit gewährende Bewusstsein, nicht nur als Träger einer bestimmten Rolle zur Gruppe zu gehören, sondern als Person. Es fühlt sich akzeptiert und schätzt daher auch seinerseits die anderen. Da sein Zugehörigkeitsbedürfnis befriedigt ist, kann es seine psychische und intellektuelle Energie für die Gruppenziele mobilisieren. Es gibt meines Erachtens kaum ein anderes Verfahren, das einen derart wirksamen Beitrag zur Entwicklung einer kohäsiven Gruppe leistet.

Zurücktreten des Leiters

Besonders in der Experimentierphase eines Interaktionsspiels tritt der Gruppenleiter stärker zurück als in anderen Lernverfahren, da er seine Steuerungsfunktion für den Lernprozess an das Arrangement und die Struktur des Spiels delegiert hat. Die Kinder erfahren dabei das anregende und insgesamt stützende Potenzial der Gruppe und erleben, dass sie auch ohne die Hilfe des Gruppenleiters wichtige Erfahrungen machen können. Dieser Umstand ist besonders für solche Kinder wichtig, die eine starke abhängige oder gegenabhängige Einstellung zur Autorität mitbringen. In der Experimentierphase sind sie davon entlastet, sich Gedanken darüber zu machen, in welcher Weise der Gruppenleiter auf sie reagiert bzw. welche Empfindungen sie für den Gruppenleiter haben; sie sind viel stärker in dieser quasi leiterlosen Situation mit ihrer eigenen Kompetenz konfrontiert. Sie erleben ihre eigene Verantwortlichkeit für den Ausgang eines Experiments. Durch den Wechsel von rein gruppenzentrierten Lernsituationen in der Experimentierphase mit solchen Lernsituationen, in denen die Gruppe mit dem Leiter gemeinsam lernt (Auswertungsphase) bzw. mit leiterzentrierten Lernsituationen (Einführungsphase) können die Kinder ein elastisches Verhältnis zur Autorität entwickeln.

Zusammenfassung

- Interaktionsspiele motivieren auf intrinsische Weise zum Lernen. Sie wecken die Neugier des Kindes und seine Freude am erfahrungsbezogenen Lernen überhaupt.
- Sie können zu einem Ausgleich zwischen dominanten und weniger aktiven Kindern führen, indem sie die Beteiligung ursprünglich passiver Kinder anregen.
- Interaktionsspiele erleichtern die Einführung neuer Kommunikations- und Verhaltensnormen, die in der alltäglichen Kultur stärker vermieden werden.
- Sie helfen dem Kind, sich und andere auf ganzheitlichere Weise zu sehen.
- Interaktionsspiele regen die Kinder an, bestimmte psychosoziale Fertigkeiten zu trainieren, nämlich differenziert wahrzunehmen, offen zu kommunizieren, Forderungen zu stellen, Entscheidungen zu treffen, anderen zu helfen, zu kooperieren, selbst Hilfsmöglichkeiten zu suchen, Widerstandskraft und persönliche Verantwortung zu entwickeln.
- Interaktionsspiele können im günstigen Fall auch die Einstellungen der Kinder verändern. Sie werden u. a. toleranter für andere Meinungen und Wert-

vorstellungen. Sie erfahren, dass sie mehr und effektiver lernen können und dass sie selbst Wichtiges beizutragen haben.

- Interaktionsspiele entlasten die Kinder von einigen sonst üblichen Abwehrmechanismen, da die Strukturen des Spiels und die mitgelieferten Handlungsanweisungen das Ausprobieren auch schwieriger Verhaltensweisen legitimieren.
- Sie können auch in größeren Gruppen eingesetzt werden, wo andere Lernverfahren nur informative Prozesse ermöglichen.
- Interaktionsspiele reduzieren – besonders in der Anfangsphase einer Gruppe – die Angst der Kinder und erleichtern die Bildung einer kohäsiven Gruppe.

WAS KÖNNEN DIE KINDER DURCH INTERAKTIONSSPIELE LERNEN?

Im Alter zwischen acht und zwölf Jahren erweitern sich die kognitiven und sozialen Fähigkeiten der Kinder sehr. Sie beginnen, abstrakte Beziehungen zu begreifen, logisch zu denken und über Werte nachzudenken. Im Blick auf andere nehmen sie fremde Einstellungen, Bedürfnisse und Gefühle deutlicher wahr. Sie beschäftigen sich mit Problemen des sozialen Status, diskutieren über dessen Konsequenzen. Da Kinder in dieser Altersstufe ihre Umwelt besser verstehen, entwickeln sie auch mehr Mut und Neugier, auf eigene Faust den Dingen auf den Grund zu gehen. Anders als ihre jüngeren Kollegen versuchen sie jetzt, ihre eigene Kompetenz auszubauen, und sind stolz auf eigene Leistungen, geistige Beweglichkeit und körperliche Geschicklichkeit. Solche Qualitäten sind die Basis ihres Selbstwertgefühls, das in der vorangehenden Entwicklungsphase viel stärker aus der Identifikation mit den eigenen Eltern gespeist wurde.

Ganz entscheidend ist, dass die Bedeutung der Eltern immer mehr abnimmt. In derselben Zeit, in der das Kind seine unterschiedlichen persönlichen Beziehungen kritisch unter die Lupe nimmt, sich Leistungsziele setzt und seine Kompetenz zu definieren versucht, beginnt es auch, seine Überzeugungen, Wertvorstellungen und Einstellungen zu reflektieren und zu entwickeln. Dazu dienen vor allem Gespräche mit gleichaltrigen Kindern. Acht- bis Zwölfjährige sprechen ausführlich über ihnen wichtige psychologische Themen wie Macht, Beliebtheit, Leistung, Erfolg sowie über ihr Verhältnis zu Erwachsenen. Vor allem in der Schule lernt das Kind andere familiäre und soziale Konstellationen kennen und damit andere Maßstäbe und Lebensstile. In Lehrern und anderen erwachsenen Bezugspersonen tauchen neue Autoritäten auf, welche die Macht und Allwissenheit der Eltern in Frage stellen. Von ihnen werden nun auch z. T. neue Wertvorstellungen und Einstellungen übernommen.

Trotzdem bleibt das Verhältnis zu den Erwachsenen insgesamt prekär. Dazu trägt vor allem die Tatsache bei, dass in unserer Kultur die meisten Kinder von wirklicher Verantwortung in der Welt der Großen ausgeschlossen werden, sodass sie kaum mit den Erwachsenen kooperieren und diese letztlich nur schwer verstehen lernen können. Auf diese Weise beginnt eine lange Zeit der Entfremdung zwischen Erwachsenen und Kindern. Die zum Teil zu beobachtende Anpassung und Fügsamkeit der Kinder überdeckt einen – allerdings meist zunächst latenten – Protest, der in der Pubertät offen geäußert wird.

Die Zeit zwischen acht und zwölf Jahren ist für die Kinder konfliktreich und anstrengend durch ihre ambivalente Haltung zu eigener und fremder Autorität.

Je mehr sich die Kinder noch den Eltern unterordnen, desto eher verlieren sie in den eigenen Augen und in den Augen der Altersgenossen an Respekt. Je selbständiger und aggressiver die Kinder operieren, desto leichter fühlen sie sich wegen ihrer Ablehnung der Eltern und anderer Erwachsener schuldig. Für ihre erwachsenen Bezugspersonen ist diese Entwicklungsphase ebenfalls schwierig. Damit die Kinder innere Unabhängigkeit und Frustrationstoleranz entwickeln können, müssen sie Leistungsforderungen stellen und Grenzen setzen. Andererseits müssen sie die Grenzen weit genug abstecken, um die Initiative der Kinder nicht zu ersticken.

Auf diesem Hintergrund sind die im Folgenden kurz charakterisierten Lernziele zu verstehen, die durch Interaktionsspiele realisiert werden können.

Sensibilisierung der Wahrnehmung

Gemeint ist, dass das Kind seine eigenen sinnlichen Wahrnehmungen, Gefühle, Gedanken, Ideen, Phantasien, Wünsche, Befürchtungen und Bedürfnisse differenzierter und umfassender wahrnimmt und gleichzeitig eine größere Offenheit für Gefühle und Gedanken anderer in seiner Umgebung entwickelt. Sensibilisierung der Wahrnehmung ist ein Prozess, dessen Endziel darin besteht, das eigene Selbst und das Selbst anderer präziser zu erfassen.

Vertiefung der Selbstverantwortlichkeit

Hiermit ist eine wichtige innere Einstellung angesprochen, nämlich die Bereitschaft, das eigene Verhalten nicht zu rationalisieren und zu entschuldigen, sondern bereit zu sein, für das eigene Verhalten zunehmend mehr Verantwortung zu übernehmen und das Bewusstsein für die Tatsache zu vertiefen, über sich selbst verfügen zu können. Dazu gehört die Erkenntnis, dass ich Wahlmöglichkeiten habe und meine Verhaltens-, Gefühls- und Wertemuster ändern kann, wenn ich das will. Dazu gehört weiter die Einsicht, dass andere Menschen letzten Endes meine Gefühle nicht beeinflussen können, wenn ich es ihnen nicht gestatte, dass ich also andere nicht dafür verantwortlich machen kann, wie ich mich fühle.

Funktionaler Ausdruck von Gefühlen

Die Kinder erfahren, dass der offene Ausdruck eigener Gefühle nicht nur gestattet, sondern von anderen Menschen sogar belohnt wird.

Damit ist weiter gemeint, dass ich mit meinen Gefühlen umgehen kann, dass ich mir meine Gefühle bewusst machen kann und dass ich sie anerkenne, dass ich sie – soweit ich das will – im Handeln und Sprechen ausdrücken kann; dass ich andererseits auch in der Lage bin zu bemerken, auf welche Weise ich meine Gefühle in meinem Verhalten ausdrücke.

Bewusstheit eigener Motivationen

Hier geht es um die Frage, was mich dazu führt, dass ich mich so verhalte, wie ich mich verhalte. Was sind meine Ziele? Was sind die Werte, die mein Verhalten leiten? Hier geht es weiter um die Bereitschaft und Fähigkeit der Kinder, über diese Dinge mit anderen zu sprechen und eigene Wertvorstellungen zunehmend kritisch zu überdenken.

Selbstakzeptierung

Hier ist gemeint, dass die Kinder sich stärker selbst akzeptieren, mehr Selbstachtung entwickeln und sich bewusst werden, dass sie sich entwickeln und lernen können. Ein Gefühl für den Wert der eigenen Person zu bekommen, heißt auch, unabhängiger zu werden von den Erwartungen der Eltern und anderer Erwachsener. Das Zentrum der Selbstachtung liegt dann mehr in den eigenen Ich-Grenzen, und es wird nicht überwiegend bestimmt durch früh angeeignete, unverdaute, fremde Wertvorstellungen.

Akzeptierung anderer

Hier nun ist eine Haltung gemeint, die Respekt und Toleranz für Meinungen, Gefühle und Verhalten anderer aufbringt. Akzeptierung anderer bedeutet letztlich, dass ich dem Du in allen seinen Aspekten dieselbe Existenzberechtigung einräume wie mir selbst. Das schließt gleichzeitig die Bereitschaft ein, Konflikte auszutragen.

Interdependentes Verhalten

Hier ist gemeint, dass das einzelne Kind nicht nur die Verantwortlichkeit für das eigene Selbst und damit seine eigene Autonomie weiterentwickelt, sondern sich auch gleichzeitig der Tatsache bewusst wird, dass es die eigene Weiterentwicklung nur im Kontakt mit anderen realisieren kann. Gemeint ist weiter, dass das Kind an Kommunikation und Kooperation mit anderen interessiert ist und elastisch zwischen Nähe und Distanz zu Gleichaltrigen und Erwachsenen hin- und herzupendeln lernt.

DIE VIER ARBEITSSCHRITTE

Als Gruppenleiter helfen Sie den Kindern am besten, wenn Sie Lernsituationen schaffen, die den wichtigsten Prinzipien für wirksames psychosoziales Lernen entsprechen:

- Lernen findet statt, wenn die Kinder sich emotional beteiligen. Dazu müssen die Kinder aktiv werden, sich mit anderen auseinandersetzen und sich bei gemeinsamen Aktivitäten engagieren können.
- Ihre Aufgabe als Gruppenleiter ist es, ein anregendes Gruppenklima zu entwickeln, das charakterisiert wird durch Sicherheit und Offenheit. Jedes Kind muss Vertrauen zu sich selbst und zu anderen entwickeln können, ohne allerdings durch eine zu große psychologische Sicherheit unterfordert zu werden.
- Hier-und-Jetzt-Erfahrungen sind für die Kinder unentbehrlich, um sich selbst kennenzulernen. Dazu gehört die offene Aussprache über Gefühle, Gedanken und Wahrnehmungen.
- Jedes Kind muss einen psychologischen Bezugsrahmen entwickeln können, der es ihm gestattet, seine Lernerfahrungen aus der Gruppe auf das alltägliche Leben zu übertragen.
- Als Leiter müssen Sie dafür sorgen, dass die beim Lernen unvermeidlichen

Frustrationen der Kinder durch ausreichende Unterstützung ausgeglichen werden.

Auf dem Hintergrund dieser Lernprinzipien sind die folgenden vier Arbeitsschritte zu verstehen.

Schritt 1: Analyse der Gruppensituation

Fragen Sie sich zunächst selbst: Wie ist meine Situation als Gruppenleiter? – Wer bin ich für diese Gruppe? – Welche Bedürfnisse und Interessen habe ich selbst? – Was sollen die Kinder lernen, damit ich es leichter habe? – Welche Verhaltensweisen der Kinder irritieren oder stören mich; welche machen meine Arbeit leicht und angenehm?

Erst wenn Sie diese Fragen beantwortet haben, gehen Sie zu dem zweiten Fragenkomplex über: Wie ist die Situation der Kinder? – Welche Bedürfnisse und Interessen haben sie? – Wie läuft der Gruppenprozess? – Gibt es Störungen? – Was könnte den Kindern die Arbeit in der Gruppe erleichtern? – Was ist das präzise Ziel meiner Intervention durch ein Interaktionsspiel? – Welches Interaktionsspiel wird dem Entwicklungsstand der Kinder und der Gruppe am besten gerecht? – Wie belastend ist dieses Spiel? (Machen Sie sich klar, dass dauerhaftes Lernen im psychosozialen Bereich ohne eine gewisse Herausforderung der individuellen Verteidigungsbedürfnisse und eine dadurch manchmal ausgelöste Angst selten möglich ist. Andauernde Veränderungen der Einstellungen und Haltungen finden nur statt, wenn die Kinder sich emotional engagieren und dabei auch eine gewisse Angst empfinden. Gleichzeitig müssen Sie bedenken, dass ein Übermaß an Angst zu Konfusion und Furcht führt, sodass Lernen nicht stattfinden kann. Als Gruppenleiter müssen Sie dafür sorgen, dass die Kinder bei einem Spiel Angst als anregend und nicht als aufregend empfinden.)

Wenn Sie die hier vorgeschlagenen Überlegungen angestellt haben, können Sie weitergehen zu

Schritt 2: Einführung des Interaktionsspiels

Sobald Sie sich entschlossen haben, der Gruppe ein bestimmtes Interaktionsspiel vorzuschlagen, müssen Sie wiederum eine Hürde nehmen: Der Wortlaut Ihrer Anweisungen und die Haltung, mit der Sie diese geben, entscheiden wesentlich über den Lernerfolg des Experiments. Daher sind die

Instruktionen bei allen Interaktionsspielen im vollständigen, erprobten Wortlaut angegeben. Sie können sich natürlich eigener Ausdrucksmittel bedienen – ändern Sie jedoch nichts an der Struktur der Experimente, vor allem so lange nicht, wie Sie wenig Erfahrung in der Leitung interaktioneller Gruppen haben. Insbesondere muss Folgendes gewährleistet sein:

- **Information über die Lernziele**
  Die Kinder fühlen sich sicherer, wenn sie im Umriss wissen, was Ihre Ziele sind, wenn Sie ein bestimmtes Interaktionsspiel vorschlagen.
- **Klare Instruktionen über den Ablauf**
  Je plastischer, knapper und überzeugter Sie Ihre Anweisungen sprechen, desto eher werden die Kinder in der Lage und bereit sein, engagiert mitzumachen.
- **Betonung des experimentellen Charakters**
  Sie können durch einige Bemerkungen dazu beitragen, dass die Kinder ihre Tendenz zur Selbstbeurteilung, Befangenheit oder Perfektionismus aufgeben, indem Sie etwa sagen: „Versucht, die ganze Geschichte als Experiment und als Spiel zu sehen. Ich möchte, dass ihr einfach seht, was passiert, wenn ihr dieses Spiel ausprobiert. Strengt euch nicht besonders an, um irgendwelche Ergebnisse zu erzielen, und kümmert euch nicht darum, ob das, was ihr tut, richtig oder falsch, gut oder schlecht ist. Stellt einfach fest, wie ihr reagiert, welche Gedanken euch dabei kommen und was ihr empfindet."
- **Klarer Führungsstil**
  Manche Gruppenleiter praktizieren einen ungeeigneten Führungsstil bei der Arbeit mit Interaktionsspielen, indem sie ein pseudo-demokratisches Gehabe zeigen und die Gruppe sozusagen um Verzeihung bitten, dass sie einen Vorschlag machen. Wenn ich als Gruppenleiter ein Interaktionsspiel vorschlage, dann praktiziere ich einen relativ direktiven Führungsstil, den ich zu diesem Zeitpunkt bewusst wähle. Wenn ich also mit einer Gruppe zu arbeiten beginne, werde ich nicht fragen: „Wollt ihr dieses Interaktionsspiel ausprobieren?", sondern ich werde sagen: „Ich möchte euch dieses Interaktionsspiel vorschlagen." Die Frage, ob die Kinder ein Interaktionsspiel ausprobieren wollen, setzt voraus, dass sie bereits in der Lage sind, eine so schwierige Aufgabe, wie es das Fassen eines gemeinsamen Beschlusses ist, überhaupt zu bewältigen. Mit einer solchen Frage forcieren Sie das Konfliktpotenzial in der Gruppe und steigern die Angst der Kinder.

Andererseits müssen Sie flexibel genug sein, Ihre Pläne zu ändern, wenn eine größere Anzahl von Kindern spontan ein Experiment ablehnt.

- **Betonung der Freiwilligkeit**
  Kein Kind darf den Eindruck haben, dass es an einem Interaktionsspiel teilnehmen muss. Das Recht jedes Kindes, Nein zu sagen und sich zeitweilig zurückzuziehen, ist die notwendige psychologische Ergänzung zu Ihrem klaren Führungsstil als Gruppenleiter. Sie können mit einer einzigen kurzen Bemerkung dieses Recht verankern, indem Sie z. B. sagen: „Es kann vorkommen, dass ein Kind nicht mitmachen möchte. Jeder von euch hat das Recht, bei einem einzelnen Spiel auszuscheiden und zuzuschauen." Wenn Sie dieses Recht nicht ausdrücklich bekräftigen, können einzelne Kinder Ihre Vorschläge als Zwangsmaßnahmen erleben und unnötig erschrecken.

  Nach der Einführung eines Spiels gehen Sie über zu

Schritt 3: Experimentierphase

Hier sorgen Sie dafür, dass die Kinder die geplante Aktivität ausführen können, geben weitere Instruktionen, klären über missverstandene Anweisungen auf und achten darauf, dass die Zeiten und Spielregeln eingehalten werden. Schließlich können Sie aufmerksam beobachten, was die einzelnen Kinder tun, wie sie sich verhalten. In der Regel sollten Sie sich nicht an dem Spiel beteiligen, damit die Gruppe unabhängiger von Ihnen ist und Sie die Übersicht über die Ereignisse behalten.

Anschließend können Sie zum letzten Schritt übergehen, nämlich zu

Schritt 4: Auswertungsphase

Während Sie in der Experimentierphase relativ stark in den Hintergrund treten können, müssen Sie jetzt wieder aktiv werden und den Kindern helfen, ihre Lernerfahrungen auszuwerten. Hier lassen sich folgende Aufgaben unterscheiden:

- **Anleitung zur Reflexion**
  Nach Beendigung eines Experiments müssen die Kinder Gelegenheit haben, ihre Erfahrungen zu überdenken. Diesen Prozess individueller Reflexion erleichtern Sie durch die bei jedem Spiel zusammengestellten Auswertungsfragen, die das Bewusstsein der Kinder für wichtige emotionale und intellektuelle Aspekte ihrer Erfahrung sensibilisieren. Dabei ist es Ihrer persönlichen Geschicklichkeit überlassen, die für Ihre spezielle Gruppe geeigneten Fragen auszuwählen bzw. die eine oder andere neue Frage hinzuzufügen.

- **Ermunterung, die Erfahrungen mitzuteilen**
  Fordern Sie die Kinder auf, entweder zunächst einem Einzelnen, einer Kleingruppe oder aber gleich der ganzen Gruppe ihre Erfahrungen mitzuteilen, indem Sie etwa Folgendes sagen: „Wer möchte uns etwas von seinen Erfahrungen mitteilen?“ Dabei ist es wichtig, dass jedes Kind die Chance hat sich mitzuteilen. Um das sicherzustellen, müssen Sie von vornherein genügend Zeit für die Auswertungsphase einplanen.
- **Hilfestellung, um die Erfahrungen zu verstehen**
  In der Regel ist es wichtig, dass das einzelne Kind seine Erfahrungen selbst ausdrückt und zu verstehen versucht. Auf diese Weise wird sichergestellt, dass es mehr Verständnis für sein Verhalten entwickelt, weil es weiß, was und wie es etwas tut und welche Auswirkungen sein Verhalten auf andere hatte. Als Gruppenleiter sollten Sie den Kindern helfen, sich klarer darüber zu werden, welche Konsequenzen ihr Verhalten hat und was sie unter Umständen anders machen möchten. Im Blick auf die Gruppe müssen Sie sicherstellen, dass kein Kind be- bzw. verurteilt wird und dass jeder, der es möchte, von anderen Feedback erhält. Darüber hinaus können Sie einzelnen Kindern Ihre Beobachtungen mitteilen und – je nach persönlicher Kompetenz und Gruppensituation – mit einem vorsichtigen Interpretationsangebot zu weiteren Einsichten verhelfen.
- **Anregung, die Spielerfahrung mit dem täglichen Leben zu verbinden**
  Das ist ein außerordentlich wichtiger Punkt, der häufig vom Gruppenleiter übersehen wird: Der Transfer muss bereits in der Gruppe angebahnt werden. Nützlich sind hier Fragen wie: „Was willst du mit diesen Erfahrungen für die Zukunft anfangen?“ – „Willst du daraus Konsequenzen ziehen? Wenn ja, welche?“ – „Was willst du ggf. anders machen? Wie kannst du dazu vorgehen?“ Die Auswertungsgespräche sind für jeden Leiter die größte Herausforderung bei der Arbeit mit Interaktionsspielen. Überdehnen Sie sie nicht und stoppen Sie, wenn das Interesse der Kinder nachlässt.

Mir ist bewusst, dass diese Einführung Ihnen Ihre Aufgabe nur in geringem Maße erleichtern kann. Ich möchte Ihnen daher noch folgende Hinweise geben: Am meisten werden Sie für Ihre Arbeit als Leiter von Kindergruppen lernen, wenn Sie selbst gelegentlich an Trainingsseminaren in Verfahren der humanistischen Psychologie teilnehmen.

Ihre Aufgabe als Gruppenleiter, den Gruppenprozess und Interventionsmöglichkeiten werden Sie auch theoretisch besser verstehen, wenn Sie das «Handbuch für GruppenleiterInnen. Zur Theorie und Praxis der Interaktionsspiele» (iskopress) studieren.

Schließlich können Sie die verschiedenen theoretischen Konzepte humanistischer Pädagogik gut kennenlernen durch die von Petzold und Brown herausgegebenen Bücher „Gestalt-Pädagogik. Konzepte der Integrativen Erziehung“ sowie „Gefühl + Aktion. Gestaltmethoden im integrativen Unterricht“ (beide im Pfeiffer-Verlag, München, erschienen).

Kapitel 1

KONTAKT

1 BEWEGUNG ZU ZWEIT

(K.W.Vopel)

Ziele

Bei diesem Spiel können die Kinder auf einfache Weise mit etlichen anderen Kontakt herstellen. Sie können sich körperlich bewegen und miteinander warm werden. Das Spiel eignet sich sehr gut für den Anfang eines Tages oder einer Arbeitseinheit.

Teilnehmer

Alle ab 8 Jahren. Die Gruppengröße ist beliebig.

Zeit

Sie benötigen für dieses Spiel etwa 10 Minuten. Die anschließende Auswertung kann sehr kurz sein.

Raum

Sie brauchen einen sehr großen freien Raum, in dem alle Kinder auch laufen können.

Spielanleitung

Ich möchte mit euch ein kleines Spiel ausprobieren, bei dem ihr verschiedene Dinge machen könnt.

Sucht euch bitte ein anderes Kind aus, mit dem ihr dieses Spiel beginnen wollt. Wenn ihr dieses Kind gefunden habt, fasst euch bei der Hand und stellt euch irgendwo zusammen hin und wartet dort... Ich möchte, dass ihr jetzt zusammen im Raum herumgeht und immer, wenn ihr ein anderes Paar trefft, sollt ihr euch dadurch begrüßen, dass ihr – wie die Chinesen das tun – eine tiefe und feierliche Verbeugung vor diesem anderen Paar macht... (1 Min.)

Jetzt bleibt bitte stehen und sagt eurem Partner auf Wiedersehen... Nun geht zu einem anderen Kind, mit dem ihr in der nächsten Runde dieses Spiels zusammensein wollt...

Stellt euch bitte fest Rücken an Rücken mit diesem Kind. Streckt dann eure beiden Hände nach hinten und fasst die Hände eures Partners an. Haltet die

Hände fest miteinander verbunden... Und jetzt versucht, mit vorsichtigen Schritten durch den Raum zu gehen. Ihr müsst gut dabei aufpassen, dass ihr nicht aus Versehen die Hände des Partners loslasst... (1 Min.)

Bleibt jetzt bitte stehen und sagt auch diesem Partner auf Wiedersehen... Sucht nun einen neuen Partner... Stellt euch bitte nebeneinander und fasst euch bei der Hand. Geht in die Knie und hüpft wie Frösche durch den Raum. Lasst euch dabei aber nicht los. Passt auch auf, dass keiner von euch beiden umkippt... (1 Min.)

Bitte stoppt jetzt und stellt euch wieder hin... Sagt auch diesem Partner auf Wiedersehen und sucht euch einen neuen Partner... Ich möchte jetzt, dass der Kleinere von euch die Augen schließt und dass der Größere ihn bei der Hand nimmt und ihn wie einen Blinden durch den Raum führt. Seid sehr behutsam dabei und passt auf, dass der blinde Partner sich sicher fühlen kann und nirgendwo anstößt... (1 Min.)

Stoppt jetzt wieder und sagt eurem Partner auf Wiedersehen... Sucht euch wieder einen neuen Partner aus... Diesmal werdet ihr nicht herumgehen, sondern an Ort und Stelle stehenbleiben. Stellt euch bitte voreinander hin und legt eure Hände auf die Schultern des Partners. Ich werde euch gleich auffordern, den Partner an seinen Schultern kräftig zu schütteln und dabei wie ein Löwe zu fauchen oder zu brüllen. Fangt jetzt an... (30 Sek.)

Bitte verabschiedet euch jetzt von diesem Partner... Sucht euch noch ein letztes Mal einen neuen Partner. Wen wollt ihr euch aussuchen bei dieser letzten Wahl?... Fasst euch bei der Hand. Gleich sollt ihr ganz schnell miteinander durch den Raum laufen. Dabei müsst ihr gut aufpassen, dass ihr nicht mit den anderen Paaren zusammenstoßt. Ihr müsst also euer Tempo so regulieren, dass ihr keine Verkehrsunfälle verursacht. Lauft jetzt los... (1 Min.)

Stop! Jetzt möchte ich, dass wir uns alle im Kreis zusammensetzen und über dieses kleine Spiel miteinander sprechen...

Auswertungsgesichtspunkte

- Wie fühle ich mich jetzt?
- Von wem wurde ich als Partner gewählt?
- Habe ich immer diejenigen als Partner bekommen, die ich gern haben wollte?
- Habe ich selbst auch gewählt, oder habe ich lieber abgewartet, dass ich von einem anderen gewählt wurde?
- Mit wem haben mir die kleinen Aufgaben am meisten Spaß gemacht?

- Welche Aufgabe war besonders schwer für mich?
- Was ist mir sonst aufgefallen?

Erfahrungen

Dieses kleine Interaktionsspiel ist sehr anregend und gibt jedem Kind die Möglichkeit, mit sechs anderen Kindern aus der Gruppe Kontakt aufzunehmen. Die Bewegungsexperimente können Verspannungen, Unruhe oder Apathie abbauen helfen. Das letzte schnelle Herumlaufen gestattet den Kindern eine wohltuende Kraftentfaltung und entlässt sie mit einem Gefühl von Aktivität und Lebendigkeit.

UNTERHALTUNG DER FÜSSE 2

(K.W.Vopel)

Ziele

Die Kinder können auf eine ungewöhnliche Weise Kontakt zu einem anderen Kind aufnehmen. Gleichzeitig können sie üben, sich ohne Worte auszudrücken. Außerdem können sie Kontakt gewinnen zu einem viel zu wenig von uns beachteten Körperteil, nämlich zu den Füßen.

Die Füße geben uns nicht nur die Möglichkeit zur Fortbewegung, sondern zugleich die Möglichkeit, dass wir „den Kopf oben tragen" können. Die Art und Weise, wie wir unsere Füße gebrauchen, zeigt, wie fest und sicher wir auf der Erde und im Leben stehen.

Teilnehmer

Alle ab 8 Jahren. Die Kinder sollten bereits einige verbale Interaktionsspiele kennengelernt haben.

Zeit

Sie benötigen für dieses Spiel ca. 10 Minuten. Wenn Sie es zum Anwärmen benutzen wollen, kann die anschließende Auswertung im Plenum recht kurz sein.

Spielanleitung

Ich möchte euch ein Spiel vorschlagen, bei dem ihr euch auf eine ungewöhnliche Weise miteinander unterhalten könnt.

Sucht euch zunächst einen Partner aus, auf den ihr ein wenig neugierig seid... Setzt euch dann eurem Partner gegenüber und zieht eure Schuhe aus...

Schaut euch an... Und bitte sprecht jetzt nicht mehr...

Ich möchte, dass ihr gleich mit euren Füßen einige Spiele macht. Das erste Spiel geht so: Nehmt eure Füße ganz zu euch selbst zurück und beginnt dann ganz vorsichtig, tip-tap-tip-tap mit den Füßen aufeinander zuzugehen, wie zwei Wanderer, die sich irgendwo auf freiem Feld begegnen. Macht das jetzt bitte... (30 Sek.)

Nehmt die Füße wieder zu euch selbst zurück... Stellt euch nun vor, dass eure Füße streitlustig sind. Lasst eure streitlustigen Füße aufeinander zugehen und ein wenig mit den anderen Füßen rangeln... (30 Sek.)

Nehmt eure Füße wieder zu euch selbst zurück.... Stellt euch vor, dass ihr ganz neugierige Füße habt, neugierig und ein ganz kleines bisschen ängstlich. Lasst die Füße wieder aufeinander zugehen und versuchen, die anderen Füße kennenzulernen, wie das wohl zwei neugierige und etwas unsichere Kinder tun würden, wenn sie sich zufällig begegnen... (30 Sek.)

Nehmt eure Füße wieder zu euch selbst zurück und stellt euch vor, dass Winter ist. Eure Füße sind eiskalt... Lasst die Füße aufeinander zugehen und sich gegenseitig etwas wärmen... (30 Sek.)

Nun nehmt eure Füße wieder zurück und stellt euch vor, dass ihr zwischen eurem rechten Fuß und dem rechten Fuß des Partners eine Walnuss zerdrücken wollt. Legt die rechten Fußsohlen gegeneinander und versucht, die Nuss, die dazwischenliegt, zu knacken... (15 Sek.)

Nehmt eure Füße wieder zurück. Nun macht mit euren Füßen etwas, wozu ihr selbst und euer Partner Lust habt... (30 Sek.)

Nun verabschiedet euch mit euren Füßen von den Füßen des Partners. Sagt mit euren Füßen auf Wiedersehen... (15 Sek.)

Ihr habt jetzt drei Minuten Zeit, um miteinander über die gemeinsamen Erlebnisse zu sprechen.

– Was hat euch Spaß gemacht?
– Hat euch irgendetwas geärgert?
– Habt ihr euch auch gelegentlich in die Augen gesehen?
– Kamt ihr euch albern vor?
– War irgendetwas überraschend für euch?

Unterhaltet euch drei Minuten lang über diese Fragen, anschließend wollen wir dann im großen Kreis über dieses Experiment reden...

Auswertungsgesichtspunkte

- Was hat mir bei diesem Spiel gut gefallen?
- Was hat mir weniger gut gefallen?
- Habe ich den Partner bekommen, den ich wollte?
- Habe ich mich sonst schon einmal mit einem anderen Menschen mit den Füßen unterhalten?
- Wozu benutze ich die Füße sonst?
- Vernachlässige ich meine Füße?

- Wenn meine Füße reden könnten, was würden sie mir sagen?
- Wie sicher stehe ich auf meinen Füßen?
- Wieweit stehe ich schon auf „eigenen" Füßen?

Erfahrungen

Dieses Spiel bringt den Kindern in der Regel viel Spaß und gibt ihnen die Möglichkeit, einmal bewusst die Füße nicht nur zum Stehen und Gehen zu benutzen, sondern sie in die Kommunikation mit einzubeziehen. Ihr Bewegungsbedürfnis wird berücksichtigt, ohne dass dafür sehr viel Raum notwendig ist.

Sie können dieses Spiel ebenso gut als Anwärmspiel benutzen wie als Ausgangspunkt für die Beschäftigung mit dem eigenen Körper.

Variation 1: Geben Sie jedem Kind farbigen Karton und einen Bleistift, sodass jeder die Silhouette seiner Füße auf das Papier zeichnen kann. Anschließend werden die Füße ausgeschnitten, die Kinder schreiben ihren Namen hinein, und sie werden als eine Art Fußfries an die Wand des Gruppenraums gehängt.

Variation 2: Größere Kinder (ab 10 Jahren) schreiben einen Dialog zwischen ihren Füßen und ihren Händen.

3 RÜCKENMASSAGE

(K.W. Vopel)

Ziele

Bei diesem Experiment haben die Kinder Gelegenheit, mit ihren Händen Kontakt zu einem anderen Kind herzustellen. Sie können dabei mit verschiedenen Formen des Schlagens und Klopfens experimentieren. Üblicherweise wird Klopfen und Schlagen als feindlicher Akt verstanden. Wir übersehen, dass diese kräftigeren Berührungen durchaus konstruktiv sein können, wenn sie nämlich z. B. aufmunternd und wohlwollend gemeint sind. Die Kinder können hier also lernen, den Spielraum ihrer Ausdrucksmöglichkeiten zu erweitern. Sie werden durch die Rückenmassage aufgelockert und fühlen sich anschließend erfrischt.

Dieses Spiel eignet sich vorzüglich auch zum Abschluss einer anstrengenden Arbeitseinheit.

Teilnehmer

Alle ab 8 Jahren. Die Gruppengröße ist beliebig. Es ist wünschenswert, dass die Kinder vorher bereits Erfahrungen mit verbalen Interaktionsspielen gesammelt haben.

Zeit

Sie benötigen für dieses Experiment ca. 10 Minuten. Wenn Sie dieses Spiel als „Spannungslöser" vor oder nach einer Arbeitssitzung verwenden, kann die anschließende Auswertung ganz kurz sein.

Spielanleitung

Ich möchte mit euch heute ein Spiel ausprobieren, das euch Gelegenheit gibt, mit euren Händen einige ungewöhnliche Dinge zu tun.

Ihr wisst, dass ihr die Hände nicht nur habt, um euch anzuziehen, um zu schreiben, um zu essen und um etwas zu tragen, sondern jeder von uns kann seine Hände auch dafür benutzen, um andere Menschen zu berühren. Wir berühren unsere Eltern und Geschwister. Seltener berühren wir andere Menschen, die nicht zu unserer Familie gehören. Manchmal berührt ihr euch, wenn ihr euch streitet, wenn ihr miteinander kämpft. Häufig versäumen wir es, andere Menschen in freundlicher Absicht zu berühren.

Ich will euch ein kleines Beispiel geben. Gibt es jemanden unter euch, der sich im Augenblick ein bisschen müde fühlt?...

Wenn sich kein Kind freiwillig meldet, wählen Sie selbst ein Kind aus, das auf Sie im Moment einen etwas abgespannten Eindruck macht und dem Sie das hier beschriebene Experiment zumuten können.

Ich werde jetzt zu dir gehen und dir einmal zeigen, was ich mit meinen Händen tun kann. Ich stelle mich hinter dich und beginne ganz vorsichtig deine Schultern zu klopfen, und wir wollen dann einmal sehen, wie dir das bekommt...

Klopfen Sie jetzt mit leichten, federnden, aufmunternden Schlägen beider Hände die Schultern des Kindes und beziehen Sie auch seine Oberarme mit ein. Klopfen Sie dabei mit den wie zum Klavierspielen gehaltenen Händen mit den Fingerspitzen im schnellen Wechsel. Beachten Sie dabei bitte die Reaktion des Kindes und richten Sie die Intensität des Klopfens so ein, dass Sie dem Kind wohltun. Machen Sie das ungefähr 30 Sekunden lang.

Wie hat dir das gefallen?...

Macht jetzt alle etwas Ähnliches. Sucht euch bitte ein Kind aus, auf das ihr neugierig seid...

Jetzt stellt fest, wer von euch der Größere und wer der Kleinere ist... Nun möchte ich, dass sich der Kleinere auf die Knie herunterlässt und die Hände auf den Boden stützt. Lasst den Kopf ruhig nach vorn herunterhängen... Der Größere stellt sich jetzt an seine Seite und lässt sich auch auf die Knie nieder, bleibt dabei aber mit dem Oberkörper aufgerichtet, sodass er seine Hände frei hat. Sprecht jetzt bitte nicht mehr miteinander...

Nun legt die Hände ganz vorsichtig auf den Rücken des kleineren Partners... Zunächst geht mit den Händen über den Rücken wie ein schweres, bedächtiges Tier, mal hier, mal dort, kreuz und quer... (15 Sek.)

Jetzt huscht schnell wie eine kleine Maus über den Rücken, benutzt dazu nur eure Fingerspitzen... (15 Sek.)

Jetzt lauft mit den Händen über den Rücken wie ein galoppierendes Pferd... (15 Sek.)

Und jetzt geht mit den Händen wie eine Riesenschlange über den Rücken eures Partners... (15 Sek.)

Jetzt watschelt mit euren Händen wie eine schwere, dicke Gans über einen Hofplatz... (15 Sek.)

Und nun stellt euch vor, dass der Rücken eures Partners eine Trommel ist. Nehmt eure Hände und schlagt mit den Händen leicht und federnd auf diese Trommel. Fangt langsam an und werdet dann etwas schneller. Denkt daran, dass eine Trommel nur dann einen schönen Ton von sich gibt, wenn sie zart und federnd getrommelt wird... (15 Sek.)

Jetzt hört auf...

Wechselt nun die Plätze. Der Größere lässt sich nun von dem Kleineren beklopfen. Sprecht auch jetzt nicht dabei...

Geben Sie dieselben Anweisungen wie vorher.

Jetzt sprecht bitte drei Minuten mit eurem Partner darüber, was ihr bei diesem Experiment erlebt habt.

- Was war schöner für euch, den Rücken des Partners zu beklopfen oder selbst euch den Rücken klopfen zu lassen?
- Wie gut hat der Partner die Gangarten der Tiere mit seinen Händen nachgemacht?
- Habt ihr die Aufgaben ernst genommen oder habt ihr herumgealbert?
- Wie hat sich euer Rücken angefühlt?
- Wie fühlt sich euer Rücken jetzt an?
- Welche der verschiedenen Gangarten hat euch am besten gefallen?
- Habt ihr irgendetwas Neues über den Partner erfahren?
- Sprecht drei Minuten lang miteinander über diese Fragen...

Auswertungsgesichtspunkte

- Was hat mir besonders gut gefallen?
- Was hat mir nicht so gut gefallen?
- Habe ich den Partner bekommen, den ich haben wollte?
- Welches Tier mochte ich besonders gern darstellen?
- Welche Art der Berührung hat mir gefallen?
- Wie fühlt sich mein Rücken jetzt an?
- Bei welchen Gelegenheiten berühren andere Menschen meinen Rücken sonst?
- Hat mich irgendetwas bei diesem Spiel überrascht?
- Was kann ich besonders gut tun mit meinem Rücken?

Erfahrungen

Dieses Spiel kann dazu beitragen, dass die Kinder einen Teil ihrer Berührungsängste abbauen. Sie können intuitiv herausfinden, dass es zwischen Streicheln und heftigem Schlagen eine Menge anderer Ausdrucksmöglichkeiten für ihre Hände gibt, die Kontakt zu einem anderen Menschen herstellen können und dem anderen gefallen.

4 MEIN RECHTER PLATZ IST LEER

(altes Kinderspiel)

Ziele

Dieses klassische Anwärmspiel für Kinder bringt sie auf eine anregende und lockere Weise miteinander in Kontakt. Gleichzeitig werden ihr Reaktionsvermögen und ihre Aufmerksamkeit stimuliert. Wenn Sie dieses Spiel in einer neu zusammengesetzten Gruppe erproben, hilft es auch, die Namen der Teilnehmer zu lernen.

Teilnehmer

Alle ab 8 Jahren. Die Gruppengröße ist beliebig.

Zeit

Sie brauchen 5 bis 10 Minuten für dieses Spiel.

Spielanleitung

Ich möchte mit euch ein Spiel ausprobieren, bei dem ihr üben könnt, einander gut zuzuhören und schnell das zu tun, was ein anderer von euch will. Wir setzen uns nun im Stuhlkreis zusammen. Der rechte Stuhl neben mir muss frei bleiben. Ich werde das Spiel selbst gleich beginnen, indem ich folgenden Satz spreche:

MEIN RECHTER PLATZ IST LEER,
ICH WÜNSCHE MIR... KARIN... HER.

Und wenn ich diesen Satz gesagt habe, dann läuft Karin so schnell, wie sie kann, zu diesem leeren Stuhl hier an meiner rechten Seite und setzt sich hin. Nun ist ja ein anderer Stuhl leer geworden, Karins alter Stuhl. Das Kind, das auf der linken Seite des freien Stuhls sitzt, sagt jetzt den Satz, den ich vorher gesagt habe, nämlich: „Mein rechter Platz ist leer, ich wünsche mir... her“, und nennt dabei den Namen des Kindes, das es sich als Nachbarn wünscht, also z. B. Uwe. Sucht euch das Kind aus, das ihr wirklich gern neben euch hättet. Uwe läuft dann so schnell wie möglich zu dem freien Stuhl, um sich dort hinzusetzen. Nun hat wieder ein neues Kind einen leeren Stuhl an seiner rechten

Seite und ist an der Reihe, sich ein bestimmtes Kind dorthin zu wünschen. Ihr müsst also gut aufpassen, ob euer Name vielleicht genannt wird und weiter, ob euer rechter Platz frei wird. Nur das Kind, das auf der linken Seite des leeren Stuhls sitzt, darf sich ja ein anderes Kind herbeirufen. Habt ihr verstanden, wie das Spiel geht?... Dann will ich jetzt anfangen...

Auswertungsgesichtspunkte

- Bin ich aufgefordert worden, zu jemandem zu kommen? Von wem?
- Ist jemand überhaupt nicht aufgefordert worden?
- Ist jemand besonders häufig aufgefordert worden?
- Was bedeutet es für mich, überhaupt nicht bzw. besonders viel aufgefordert worden zu sein?
- Was hat mir bei diesem Spiel besonders viel Spaß gemacht?
- Wann hat mir dieses Spiel wenig Spaß gemacht?
- Weiß ich die Namen aller Kinder?
- Wessen Namen weiß ich nicht?
- Gibt es Kinder, die den gleichen Namen haben?
- Was passierte, als dieser Name genannt wurde?
- Wie fühle ich mich jetzt?

Erfahrungen

Das Spiel bringt Spaß und Bewegung. Es eignet sich vor allem zu Beginn einer Arbeitseinheit, um die Aufmerksamkeit der Kinder auf die Gruppe und die einzelnen Teilnehmer zu lenken. Sie können auf spielerische Weise Kontakt herstellen und sich mit den anderen Kindern neu vertraut machen. Gegebenenfalls können Sie während des Spiels die Bedingungen leicht verändern; Sie können z. B. die Regel einführen, dass jedes Kind nur einmal ein bestimmtes Kind zu sich rufen darf und sich beim nächsten Mal für einen anderen Nachbarn entscheiden muss; Sie können auch die Regel einführen, dass jeder überhaupt nur ein Kind herbeirufen darf, das noch gar nicht gerufen wurde, etc.

5 ZUBLINZELN

(altes Kinderspiel)

Ziele

Hier können die Kinder ihre Aufmerksamkeit und ihr Reaktionsvermögen trainieren. Das Spiel lockert auf und bringt Spaß.

Durch die Wettbewerbselemente und den Vorgang des listigen Wegnehmens bzw. des entschlossenen Zupackens und Behaltens können die Kinder auf konstruktive Weise Aggression ausdrücken und einen Teil ggf. vorhandener Hostilität abbauen.

Teilnehmer

Alle ab 8 Jahren. Die Gruppengröße ist beliebig.

Zeit

Spielen Sie dieses Spiel etwa 15 Minuten.

Spielanleitung

Ich möchte mit euch ein Spiel ausprobieren, das „Zublinzeln" heißt. Es geht dabei um Wegnehmen und Behalten.

Wir brauchen einen Stuhlkreis mit nur halb so vielen Stühlen, wie wir Kinder in der Gruppe haben...

Jetzt möchte ich, dass sich die eine Hälfte der Gruppe auf die Stühle setzt und dass sich die andere Hälfte hinter die Stühle stellt...

Nun werde ich selbst noch einen leeren Stuhl in den Kreis stellen, hinter den ich mich stelle...

Ist die Zahl der Kinder ungerade, so nimmt ein Kind Ihren Platz ein.

Jetzt will ich euch erklären, wie es weitergeht. Ich habe natürlich keine Lust, immer hinter einem leeren Stuhl zu stehen. Deshalb werde ich gleich versuchen, eines der Kinder, die auf den Stühlen sitzen, zu mir zu locken, indem ich ihm zublinzle und ihm so zeige, dass ich es bei mir haben will. Ich darf nämlich nicht sprechen. Sobald das Kind, dem ich das Zeichen gebe, dieses bemerkt, versucht es blitzschnell, zu meinem freien Stuhl zu laufen. Natürlich möchte aber das Kind, das hinter diesem steht, auch nicht hinter einem leeren

Stuhl stehen und wird deshalb versuchen, die Flucht zu verhindern. Es wird mit einem schnellen Griff den flüchtenden Partner aufhalten. Wenn ihm das gelingt, habe ich Pech. Ich muss nun bei jemandem anders mein Glück versuchen, um meinen leeren Stuhl zu besetzen. Sobald ich Erfolg gehabt habe und endlich jemand auf meinem leeren Stuhl sitzt, ist das Kind an der Reihe, jemandem zuzublinzeln, dessen Stuhl durch mich gerade leer geworden ist. Habt ihr verstanden, wie das geht?...

Machen Sie nach ca. 5 Minuten eine Halbzeit und fordern Sie die Kinder zum Rollenwechsel auf. Dabei müssen Sie selbst – oder ein Kind – im Außenkreis bleiben.

Auswertungsgesichtspunkte

- Was hat mir Spaß gemacht?
- Was hat mir nicht gefallen?
- Habe ich lieber das Flüchten probiert oder lieber das Zublinzeln bzw. Festhalten versucht?
- Was ist mir bei anderen aufgefallen?
- Wie fühle ich mich jetzt?

Erfahrungen

Dieses alte Kinderspiel ist unproblematisch und bringt viel Spaß. Es bringt die Kinder auf eine anregende Art und Weise in Kontakt miteinander und hilft ihnen, wach zu werden und ihre psychische und intellektuelle Energie neu zu beleben. Wichtig ist, dass die Kinder wirklich nicht dabei sprechen, um sich ganz auf die nonverbalen Signale der anderen Kinder konzentrieren zu können.

6 WASSERSCHLACHT

(K.W.Vopel)

Ziele

Bei diesem Spiel können die Kinder ihre Phantasie einsetzen. Die Konzentration auf eine imaginäre Umgebung nimmt ihnen die Befangenheit jeder Anfangssituation und lässt sie zunächst Kontakt zum eigenen Körper gewinnen. Das Ende des Spiels aktiviert die Kinder besonders und gibt ihnen die Möglichkeit, aggressiv zu sein, ohne einen anderen zu verletzen. Das Spiel erfrischt die Kinder und weckt ihre Aktivität.

Teilnehmer

Alle ab 8 Jahren. Die Gruppengröße ist beliebig.

Zeit

Sie brauchen ca. 10 Minuten.

Raum

Sie benötigen viel Platz für dieses Experiment.

Spielanleitung

Ich möchte euch ein Spiel vorschlagen, bei dem ihr euch bewegen und zugleich erfrischen könnt. Das Spiel heißt „Wasserschlacht".

Bitte beginnt gleich, im Raum herumzugehen, ohne dass ihr euch besonders um die anderen Kinder kümmert. Ich möchte, dass ihr während des Spiels nicht miteinander sprecht, damit ihr euch besser konzentrieren könnt. Fangt jetzt an und geht im Raum herum; schaut dabei vor euch auf den Fußboden... (15 Sek.)

Nun stellt euch bitte vor, dass auf dem Boden dieses Raums Wasser steht. Geht jetzt einmal durch den Raum und tut so, als ob eure Füße vom Wasser umspült werden. Spritzt ein bisschen und fühlt, wie das ist, wenn das Wasser gegen eure Füße kommt... (20 Sek.)

Jetzt steigt das Wasser langsam und reicht schon bis zu den Knien... Achtet einmal darauf, wie sich das jetzt anfühlt, wenn ihr durch knietiefes Wasser geht.

Bemerkt, dass ihr nicht mehr ganz so leicht gehen könnt wie vorher... (20 Sek.)

Jetzt steigt das Wasser weiter und reicht euch bis zur Hüfte... Habt ihr Lust, das Wasser jetzt auch einmal mit euren Händen zu berühren? Welchen Widerstand bietet das Wasser euch jetzt, wenn ihr herumgeht?... (20 Sek.)

Das Wasser steigt langsam noch weiter und reicht euch nun bis zur Brust... Ihr könnt jetzt nur noch ziemlich langsam vorwärtskommen und müsst beträchtliche Kraft aufwenden... Wie fühlt sich das an?... Bringt es Spaß?... (20 Sek.)

Jetzt steigt das Wasser wieder und geht euch nun bis zum Hals... Nur euer Kopf ragt noch aus dem Wasser heraus... Wie fühlt sich das jetzt an, wenn ihr geht?... Seid vorsichtig, dass ihr nicht mit dem Gesicht unter Wasser kommt... Fühlt den Unterschied: Der größte Teil eures Körpers ist jetzt mit Wasser bedeckt, nur der Kopf ist noch an der Luft... Wo habt ihr eure Hände?... Bewegt euch weiter und seid euch bewusst, dass es Kraft kostet, durch so tiefes Wasser zu gehen... (20 Sek.)

Jetzt stellt euch vor, dass das Wasser sogar über euren Kopf reicht... Ihr braucht keine Angst zu haben, denn ihr habt einen Schnorchel, wie ihn die Taucher benutzen. Ihr könnt also trotzdem noch gut atmen... Wie fuhlt sich das an, mit einem Schnorchel unter Wasser zu gehen?... Könnt ihr den Grund des Wassers erforschen?... (20 Sek.)

Jetzt beginnt das Wasser langsam wieder zu sinken, der Wasserspiegel fällt, und euer Kopf ist wieder frei. Das Wasser reicht nur noch bis zu den Schultern... Wie fühlt sich das an, wenn ihr so herumgeht?... (20 Sek.)

Jetzt fällt das Wasser weiter und geht euch bis zur Hüfte... (10 Sek.)

Wieder fällt das Wasser und reicht bis zu euren Knien... (10 Sek.)

Jetzt umspült das Wasser nur noch eure Füße... (10 Sek.)

Und jetzt ist das Wasser so niedrig, dass nur eure Fußsohlen noch nass werden... (10 Sek.)

Jetzt bleibt bitte stehen und schüttelt euch wie ein Hund, der das Wasser aus dem Fell schüttelt... (10 Sek.)

Sucht euch jetzt ein anderes Kind aus, mit dem ihr ein bisschen spielen wollt... Stellt euch einander gegenüber, sodass ihr mit euren ausgestreckten Armen die Hände des Partners berühren könnt...

Stellt euch jetzt vor, dass das Wasser wieder bis zu euren Knien reicht... Ihr sollt gleich eine kleine Wasserschlacht machen und anfangen, euch gegenseitig nasszuspritzen. Schaut euch dabei an und achtet darauf, dass ihr eure Augen und euer Gesicht schützt, wenn der Partner euch einen ganzen Wasserschwall entgegenspritzt... Jetzt dürft ihr auch reden und schreien und euch alles zurufen, was euch gerade einfällt... Spritzt den Partner tüchtig nass und passt auf, dass ihr nicht ins Wasser fallt... Ihr habt 1 Minute Zeit für diese Wasserschlacht...

Jetzt stoppt bitte und setzt euch mit eurem Partner auf den Boden, der nun wieder ganz trocken ist. Sprecht miteinander über eure Wasserschlacht:
- Was hat euch dazu gebracht, gerade diesen Partner auszusuchen?
- Hat die Spritzerei Spaß gemacht?
- Hat sich jeder von euch kräftig angestrengt?
- Ihr habt 2 Minuten Zeit für euer Gespräch...

Auswertungsgesichtspunkte

- Wie fühle ich mich jetzt?
- Was hat mir besonders viel Spaß gemacht?
- Was war schwierig für mich?
- Konnte ich mir das Wasser gut vorstellen?
- Wann bin ich zuletzt so ähnlich durchs Wasser gegangen?
- Was ist der Unterschied zwischen Wasser und Luft?

Erfahrungen

Dies ist ein reizvolles kleines Experiment, das die Kinder in guten Kontakt zum eigenen Körper bringen kann. Die Phantasievorstellung des Wassers und die Bewegungen im vorgestellten Wasser geben den meisten Kindern, die Zugang zu ihrer eigenen Phantasie haben, ein Gefühl der Erfrischung und der Munterkeit.

Am Ende der Wasserschlacht können Sie alle Kinder auffordern, Sie nasszuspritzen. Das kann – neben dem Spaß – einzelnen Kindern etwas von ihrer Befangenheit Ihnen gegenüber nehmen; andere Kinder können auf diese Weise vielleicht angestauten Ärger Ihnen gegenüber loswerden. Das Experiment ist gut geeignet, die Kinder auf spätere, kompliziertere Phantasieübungen vorzubereiten.

BÖSER ZAUBERER 7

(altes Kinderspiel)

Ziele

Bei diesem Bewegungsspiel können die Kinder ihren Körper einsetzen und gleichzeitig ihr Reaktionsvermögen testen. Durch die spielerisch-aggressive Komponente werden auch latente, feindselige Energien auf harmlose Weise kanalisiert und ausagiert.

Gleichzeitig wird das natürliche Hilfsbedürfnis der Kinder angeregt und findet Ausdrucksmöglichkeiten. Insgesamt bekommen die Kinder Kontakt mit ihrer eigenen Lebendigkeit und mit den anderen Kindern.

Teilnehmer

Alle ab 8 Jahren. Die Gruppengröße ist beliebig.

Zeit

Spielen Sie dieses Spiel ungefähr 15 Minuten lang.

Raum

Der Raum darf nicht zu klein sein, weil alle Kinder laufen müssen. Sehr viel Spaß haben die Kinder natürlich, wenn Sie dieses Spiel im Freien erproben.

Spielanleitung

Ich möchte euch ein Spiel vorschlagen, das „Böser Zauberer“ heißt. Ich will euch erklären, was der Zauberer tut.

Der Zauberer geht umher und möchte euch verzaubern in lauter Steine. Es gefällt ihm nicht, wenn sich Kinder frei und munter bewegen, er will seine Ruhe haben und nicht von euch gestört werden. Ihr müsst gut aufpassen, dass ihr dem Zauberer nicht zu nahekommt, denn jeder, den er berührt, wird auf der Stelle zu einem Stein, sodass er bewegungslos genau in der Haltung stehen bleiben muss, in der er gerade ist. Das in einen Stein verzauberte Kind kann jedoch erlöst werden, und zwar durch ein anderes Kind, das dieselbe Haarfarbe hat wie das versteinerte Kind. Dieses Kind kann zu ihm kommen, muss ihm dann über den Kopf streichen und sagen:

DU BIST WIEDER FREI.

Das Ziel des Zauberers ist es natürlich, alle Kinder in Steine zu verwandeln. Deshalb wird er gut aufpassen, dass die versteinerten Kinder nicht wieder erlöst werden.

Der Zauberer hat für seine Zaubererei 2 Minuten Zeit. Danach wird dann ein anderer Zauberer kommen und sein Glück versuchen. Bester Zauberer ist am Ende der, der nach genau 2 Minuten die meisten versteinerten Kinder vorzeigen kann.

Habt ihr verstanden, wie das Spiel geht?... Wer möchte nun unser erster Zauberer sein?...

Geben Sie ungefähr sechs Kindern Gelegenheit zu zaubern.

Auswertungsgesichtspunkte

- Was hat mir an diesem Spiel Spaß gemacht?
- Hat mich irgendetwas geärgert?
- Hat der Zauberer versucht, mich zu verzaubern?
- Haben die anderen Kinder das bemerkt und haben sie mich erlöst?
- Was hat mir mehr Spaß gemacht, Zauberer zu sein oder ein munteres Kind?
- Kenne ich Leute, bei denen ich mir vorstellen kann, dass sie auch gern Kinder in Steine verwandeln würden?
- Wen würde ich gern manchmal in Stein verwandeln? Wann würde ich das besonders gern tun?

Erfahrungen

Manchmal kommt es vor, dass die Kinder dem Zauberer zu weit davonlaufen, wenn eine weitläufige Umgebung das gestattet oder die Kinder nicht sehr risikofreudig sind. In diesen Fällen sollten Sie das Spielfeld begrenzen, damit der Zauberer eine realistische Chance hat.

Wichtig ist, dass Sie darauf achten, dass die Kinder wirklich in der Haltung versteinern, in der sie berührt worden sind. Das führt einmal zu komischen Elementen, andererseits erhöht es das Erlösungsbedürfnis der versteinerten Kinder.

FUCHS UND HASE 8

(altes Kinderspiel)

Ziele

Bei diesem Interaktionsspiel haben die Kinder Gelegenheit, sich auszutoben und ihr Reaktionsvermögen zu testen. Gleichzeitig können sie zwei Bedürfnissen Ausdruck geben, die wir alle mehr oder weniger haben, nämlich einmal das Bedürfnis, andere zu verfolgen, und zum anderen das Bedürfnis, einem Verfolger zu entkommen.

Teilnehmer

Alle ab 8 Jahren. Die Gruppengröße ist beliebig.

Zeit

Spielen Sie das Spiel nicht länger als 10 Minuten. Wiederholen Sie es lieber ab und zu.

Raum

Sie brauchen genügend freien Raum, damit sich die Kinder in einem großen Kreis aufstellen können.

Spielanleitung

Ich möchte mit euch ein Spiel ausprobieren, das „Fuchs und Hase" heißt. Schon am Namen werdet ihr vielleicht bemerkt haben, dass es sich um ein Verfolgungsspiel handelt.

Stellt euch bitte in einen Kreis, und zwar so weit auseinander, dass ihr euren Nachbarn mit den ausgestreckten Ellenbogen berühren könnt... Wir brauchen zunächst zwei Freiwillige, die uns helfen, das Spiel zu starten. Sie werden nachher von anderen erlöst. Wer möchte anfangen?... Wer von euch möchte Fuchs und wer möchte Hase sein?

Der Hase versucht, sich vor dem Fuchs in Sicherheit zu bringen, da er nicht gern von ihm gefressen werden will. Der Fuchs versucht, den Hasen zu fangen, da er hungrig ist. Er muss ihn dazu mit beiden Händen berühren. Fuchs und Hase müssen außen um den Kreis herumlaufen, und zwar hat der Hase einen Vorsprung von ungefähr 3 Metern. Auf mein Signal hin werden sich die beiden blitzschnell in Bewegung setzen. Der Hase ist dann in Sicherheit, wenn es ihm gelingt, sich vor eins der im Kreis stehenden Kinder zu stellen, ehe er von dem Fuchs berührt worden ist. Jetzt wird das Kind, das hinter dem Hasen steht, zum neuen Hasen. Es muss loslaufen, um sich nun seinerseits vor dem hungrigen Fuchs in Sicherheit zu bringen, indem es einen Haken schlägt und sich vor ein Kind im Kreis stellt. Wenn der Fuchs bei der Verfolgungsjagd einen unvorsichtigen, wagemutigen Hasen erwischt, müssen beide augenblicklich ihre Rollen tauschen, d. h. der Hase wird zum Fuchs und der Fuchs wird zum Hasen. So geht das Spiel immer weiter. Bitte bedenkt, dass Fuchs und Hase nur außerhalb des Kreises laufen dürfen. Natürlich können sie die Richtung, in der sie laufen, ändern. Habt ihr die Spielregeln alle verstanden?... Dann wollen wir jetzt anfangen...

Auswertungsgesichtspunkte

- Was hat mir an diesem Spiel gefallen?
- Hat mich irgendetwas geärgert?
- Bin ich auch an die Reihe gekommen? Hat es Überraschungen für mich gegeben?
- War ich ein besonders vorsichtiger oder ein besonders wagemuti- ger Hase?
- Habe ich mich absichtlich fangen lassen, um aus der Hasenrolle in die Fuchsrolle zu kommen?
- Bei welchen anderen Gelegenheiten kann ich Verfolger sein?
- Wann fühle ich mich verfolgt?
- Wen in dieser Gruppe würde ich am liebsten jagen?

Erfahrungen

Dieses Spiel ist ein hervorragender Eisbrecher. Sorgen Sie dafür, dass genügend Platz vorhanden ist und dass keine gefährlichen Gegenstände in der Nähe stehen.

Wenn Sie Lust haben, sollten Sie unbedingt selbst an diesem Spiel teilnehmen.

ORCHESTER 9

(Encountertradition)

Ziele

Hier können die Kinder ihre Phantasie und Kreativität benutzen und ihre momentane Stimmung auf symbolische Weise ausdrücken. Jeder hat Kontakt mit mindestens zwei anderen Kindern und lernt sie besser kennen. Im zweiten Teil des Spiels werden die Kinder zu einer Kooperationsaufgabe geführt und finden Gelegenheit, sich gegenseitig genauer wahrzunehmen und sich aufeinander einzustellen.

Teilnehmer

Ab 10 Jahren. Voraussetzung für dieses Spiel ist, dass die Kinder bereits etwas Freiheit im spontanen emotionalen Ausdruck gewonnen haben. Die Gruppengröße ist beliebig.

Zeit

Sie brauchen für dieses Spiel 10 bis 15 Minuten.

Spielanleitung

Ich möchte euch ein Spiel vorschlagen, das uns Gelegenheit gibt, hier in der Gruppe Musik zu machen, auch wenn wir keine richtigen Instrumente zur Verfügung haben.

Stellt euch bitte so im Kreis auf, dass ihr mit angewinkelten Armen bequem die Hände auf die Schultern des Vordermannes legen könnt... Bitte redet jetzt nicht mehr...

Jetzt überlegt euch, in welches Musikinstrument ihr das Kind vor euch verwandeln wollt. Wählt nach Möglichkeit ein Instrument aus, das irgendwie zu dem Kind vor euch passt...

Sobald ihr euch entschieden habt, beginnt, in aller Ruhe auf seinem Rücken zu spielen, als ob das Kind vor euch tatsächlich dieses ausgewählte Musikinstrument ist. Imitiert dabei mit eurer Stimme die Töne bzw. die Melodie, die ihr spielt. Spielt, was euch gerade einfällt. Derjenige, der hinter euch steht, macht dasselbe mit euch; ihr seid für ihn ein Musikinstrument, auf dem er spielt. Vielleicht bekommt ihr gleich heraus, in welches Musikinstrument er euch verwandelt hat. So verwandelt sich die ganze Gruppe in Musikinstrumente und Spieler. Jeder ist für den Vordermann Spieler und für den Hintermann ein Musikinstrument. Beginnt jetzt einmal auszuprobieren, für welches Instrument sich euer Vordermann eignet. Spielt ein paar Probetöne auf ihm und vergesst nicht, diese Töne mit eurer Stimme zu imitieren... (1 Min.)

Jetzt möchte ich gern, dass in einem Rundgang jeder seinem Vordermann sagt, welches Instrument er für ihn ist, damit nun alle wissen, aus welchen Instrumenten sich unser Orchester zusammensetzt... Nun möchte ich, dass jeder auf seinem Instrument zu spielen beginnt und dabei die entsprechenden Töne macht. Konzentriert euch zunächst nur auf euch selbst und auf euer Instrument vor euch und überlasst euch euren Einfällen... (2 Min.)

So, jetzt möchte ich, dass ihr vielleicht hier und da einmal versucht, auch zu hören, was die anderen Musiker spielen, sodass ihr wie in einem richtigen Orchester etwas Gemeinsames spielen könnt und euch musikalisch ergänzt... (3 Min.)

Jetzt möchte ich, dass wir einen musikalischen Spaziergang machen nach der Melodie: „Fuchs, du hast die Gans gestohlen..." Ich werde an irgendeiner Stelle den Kreis teilen, sodass eine lange Schlange entsteht. Der erste in der Schlange wird bestimmen, welchen Weg die Schlange nimmt. Spielt auch beim Gehen weiter auf eurem Instrument unsere gemeinsame Melodie und imitiert mit eurer Stimme die Töne eures Instruments... (3 Min.)

Setzt euch nun bitte wieder alle hin und sagt uns in einem Rundgang, was euch dazu brachte, gerade dieses Instrument für dieses Kind zu wählen...

Auswertungsgesichtspunkte

- Was hat mir bei diesem Spiel gefallen?
- Was war schwierig für mich?
- Welches Musikinstrument wurde ich?
- Finde ich, dass mein Musikinstrument zu mir passt?
- Welches Instrument würde ich selbst für mich aussuchen?
- Was für eine Art von Melodie habe ich im ersten Teil des Experiments gespielt?
- War die Musik traurig, munter, wild?
- Welche Stimmung drückte unsere frei gewählte, gemeinsame Musik aus?
- Wie gut haben die verschiedenen Instrumente zusammen gespielt?

- Mit wem habe ich am besten zusammen gespielt?
- Ist mir bei anderen Kindern etwas Besonderes aufgefallen?

Erfahrungen

Dieses Spiel kann viel Vergnügen bereiten. Es ist gleichzeitig ein interessantes diagnostisches Instrument für Sie als Gruppenleiter, um Ihnen zu zeigen, über wie viel Spontaneität die Kinder im Augenblick verfügen, wieweit sie sich aufeinander einstellen können und welche Ausdrucksmöglichkeiten sie gegenwärtig realisieren.

„Orchester" ist in gleicher Weise ein reizvolles und differenziertes Anwärmspiel wie eine ungewöhnliche Möglichkeit für den musischen Unterricht.

10 SCHNEEWITTCHENS APFEL

(nach Grimms Märchen)

Ziele

Die Kinder kommen hier durch einen künstlich gefährlichen Prozess in Kontakt miteinander. Die Konzentration auf eine gefährliche Aufgabe führt dazu, dass ein Teil der Anfangsbefangenheit aufgelöst wird.

Insgesamt lockert dieses Spiel die Kinder auf. Jeder hat darüber hinaus die Möglichkeit, Reaktionsgeschwindigkeit und Wahrnehmungsvermögen zu trainieren.

Teilnehmer

Alle ab 8 Jahren. Die Gruppengröße ist beliebig.

Zeit

Sie benötigen etwa 10 Minuten.

Material

Ein Ball, der als Schneewittchens Apfel herumgereicht wird.

Spielanleitung

Ich möchte euch ein Spiel vorschlagen, das „Schneewittchens Apfel" heißt. Wie ihr alle wisst, hat die böse Königin im Märchen den Apfel vergiftet, den sie Schneewittchen gab.

In unserem Spiel ist dieser Ball hier der Apfel. Wer ihn nur kurz in der Hand hält, ist noch nicht in Gefahr, wer ihn jedoch längere Zeit in der Hand hat, der wird vergiftet und muss ausscheiden.

Setzt euch nun bitte alle im Kreis zusammen und beginnt, den gefährlichen Apfel von Hand zu Hand zu geben... Bitte werft den Ball nicht. Der Ball muss schnell und sicher von Hand zu Hand gegeben werden... Ich drehe mich jetzt um, sodass ich mit dem Rücken zu euch stehe und nicht mehr sehen kann, wo der vergiftete Apfel gerade ist. Irgendwann werde ich dann „Halt!" rufen und das Kind, das genau zu diesem Zeitpunkt den Apfel in der Hand hält, wird vergiftet und muss ausscheiden. Es hat jedoch noch eine letzte Chance, sich selbst zu retten, wenn es ihm nämlich gelingt, den giftigen Apfel in letzter Sekunde seinem Nachbarn weiterzugeben, auch wenn ich bereits „Halt“ gesagt habe. Wenn dieser Nachbar nämlich den Fehler macht, den giftigen Apfel noch anzunehmen, ist er selbst vergiftet und muss ausscheiden.

Merkt euch also: Sobald ich „Halt“ gesagt habe, braucht ihr den vergifteten Apfel nicht mehr anzunehmen. Das vergiftete Kind stellt seinen Stuhl aus dem Kreis zurück und schaut von außen dem weiteren Gang der Dinge zu. Die anderen Kinder rücken zusammen, sodass der Kreis so eng bleibt wie vorher und keine Lücken entstehen.

Zu den Spielregeln gehört schließlich noch, dass der vergiftete Apfel immer in der gleichen Richtung herumgegeben werden muss. Sieger ist, wer als Letzter übrig bleibt. – Habt ihr verstanden, wie das Spiel geht?...

Sobald der Sieger ermittelt ist, tun Sie etwas für die Vergifteten:

Ich möchte jetzt die Opfer des vergifteten Apfels wieder lebendig machen. Stellt euch irgendwo im Raum hin und fangt an, langsam von einem Fuß auf den anderen zu treten... Wenn ich gleich „Los!“ sage, dann werdet immer schneller und tretet immer heftiger auf den Boden, bis ihr wie ein rasendes Rumpelstilzchen stampft. Auf diese Weise werdet ihr alles Gift aus eurem Körper ausscheiden... LOS... (30 Sek.)

Auswertungsgesichtspunkte

- Was hat mir am meisten Spaß gemacht?
- Hat mich irgendetwas gestört oder geärgert?
- Wann musste ich ausscheiden?
- Was habe ich dabei gefühlt?
- Wer ist Sieger geworden? Wie fühlt er sich jetzt?
- Wie ist das für mich, wenn ich bei einem Spiel verliere?

Erfahrungen

Dieses einfach strukturierte Spiel bringt den Kindern immer Spaß. Es lockert die Gruppe angenehm auf und weckt die Aufmerksamkeit und den Tatendrang der Kinder.

Variation: Sie können bei einer großen Gruppe mehrere „Äpfel“ im entsprechenden Abstand herumgehen lassen, sodass bei jedem Halt mehrere Kinder ausscheiden. Gehen Sie jedoch wieder auf nur einen Apfel zurück, sobald nur noch acht Spieler übrig sind, damit die Kinder ein spannendes Finale erleben.

11 INDIANER AUF DEM KRIEGSPFAD

(K.W.Vopel)

Ziele

Bei diesem Anwärmspiel können die Kinder überprüfen, wieweit sie die Namen der anderen Kinder kennen. Gleichzeitig haben sie die Möglichkeit, ihr Gedächtnis auf spielerische Weise zu trainieren.

Teilnehmer

Alle ab 8 Jahren. Die Gruppengröße ist beliebig

Zeit

Spielen Sie ungefähr 10 Minuten mit den Kindern.

Spielanleitung

Ich möchte euch ein Spiel vorschlagen, das „Indianer auf dem Kriegspfad" heißt. Ich brauche sieben Kinder, die mit dem Spiel beginnen. Diese sieben Kinder werden vor die Tür gehen und sich einigen, in welcher Reihenfolge sie gleich hintereinander eine kleine Runde vor unseren Augen drehen wollen. Sobald sie das festgelegt haben, werden sie die Tür öffnen und – wie die Indianer auf dem Kriegspfad – einer dicht hinter dem anderen im Dauerlauf kurz eine kleine Runde drehen. Dabei müssen sie in der gleichen Reihenfolge bleiben; danach laufen sie wieder hinaus.

Wir anderen sind Zuschauer dieser Indianervorführung und müssen uns gut merken, in welcher Reihenfolge die Indianer aufgetreten sind. Dann kommen die Indianer ein zweites Mal herein, diesmal aber in einer anderen Reihenfolge. Einer von den Zuschauern kann sich dann melden, der glaubt, die ursprüngliche Reihenfolge behalten zu haben. Er soll dann die Indianer wieder in die richtige Reihenfolge stellen und sie gleichzeitig bei ihren Namen nennen. Gelingt ihm das, werden die Indianer einen kurzen Freudentanz aufführen. Hat er einen Fehler gemacht, kann ein anderer von uns versuchen, die richtige Reihenfolge herzustellen. Das geht so lange, bis wirklich die richtige Reihenfolge gefunden worden ist. Dann werden sieben andere Indianer hinausgeschickt, um auf den Kriegspfad zu gehen. Habt ihr verstanden, wie das Spiel geht?... Jetzt brauche ich die ersten sieben Indianer...

Auswertungsgesichtspunkte

- Was hat mir Spaß gemacht?
- Hat mich irgendetwas gestört?
- Wie gut konnte ich mir die Reihenfolge merken?
- Wie sicher kenne ich die Namen der anderen Kinder?
- Wie kann ich mir helfen, um mir bei ähnlichen Aufgaben etwas zu merken?
- Was ist mir sonst aufgefallen?

Erfahrungen

Dieses Spiel weckt die Konzentrationsbereitschaft der Kinder auf spielerische Weise und hilft ihnen, in einer neuen Gruppe die Namen der übrigen Kinder zu lernen bzw. zu rekapitulieren.

Variation: Wesentlich spannungsreicher wird das Experiment – vor allem auch für ältere Kinder – wenn Sie von Indianerrunde zu India-nerrunde die Anzahl der Indianer erhöhen.

12 KATZ UND MAUS

(altes Kinderspiel)

Ziele

Bei diesem alten Kinderspiel kommen die Kinder schnell in Kontakt miteinander. Das Thema von Jagd, Verfolgung und Hilfe engagiert die Kinder schnell. Sie können ihre Reaktionsgeschwindigkeit und körperliche Geschicklichkeit üben. Außerdem kann latente Feindseligkeit auf konstruktive Weise ausgedrückt und so abgebaut werden.

Teilnehmer

Alle ab 8 Jahren. Die Gruppengröße ist beliebig.

Zeit

Sie benötigen ca. 15 Minuten.

Raum

Sie brauchen viel Platz für dieses Bewegungsspiel.

Spielanleitung

Ich möchte euch ein Spiel vorschlagen mit dem Namen „Katz und Maus“. Stellt euch dafür zunächst alle im Kreis auf... Ich brauche zwei Freiwillige... Wer von euch beiden möchte die Katze und wer die Maus sein?...

Die Katze stellt sich für den Anfang außerhalb des Kreises. Die Maus stellt sich für den Anfang innen in den Kreis. Die übrigen Kinder fassen sich bei der Hand. Die Katze soll nun gleich versuchen, die Maus zu fangen. Dabei sollen die Kinder mit ihren fest zusammengefügten Händen stets die Maus vor der Katze schützen, um zu verhindern, dass die Katze die Maus frisst. Sobald es jedoch der Katze gelingt, die Maus zu fangen, ist eine Runde des Spiels zu Ende.

Dann werden zwei andere Kinder die Rollen von Katz und Maus übernehmen. Habt ihr verstanden, wie das Spiel geht?...

Dann wollen wir anfangen...

Auswertungsgesichtspunkte

- Was hat mir Spaß gemacht?
- Was hat mich gestört oder geärgert? Habe ich mich auch als Katze oder Maus gemeldet?
- Wäre ich lieber Katze oder lieber Maus gewesen?
- Wie gut haben die Kinder im Kreis die Maus beschützen können?
- Gab es Mäuse, die ich gar nicht so gern beschützen wollte?
- Gibt es in unserer Gruppe Kinder, die sich im Alltag ähnlich wie die Katze bzw. wie die Maus verhalten, also jagen oder gejagt werden?
- Fühle ich mich selbst manchmal wie eine Maus, die gejagt wird?
- In welchen Situationen ist das so?
- Gibt es Kinder, die auch im Alltag gern andere beschützen?
- Wer in der Gruppe hat mich schon einmal beschützt?
- Wen habe ich selbst schon einmal beschützt? Was ist mir sonst bei diesem Spiel aufgefallen?

Erfahrungen

Dieses Spiel aktiviert die Kinder; sie sind anschließend gut in der Lage, sich auf ruhigere und anspruchsvollere Aufgaben zu konzentrieren. Bei einer gründlichen Auswertung können die Kinder zu einer ersten Beziehungsklärung kommen.

13 MASSAGEKETTE

(Encountertradition)

Ziele

Dieses Interaktionsspiel hilft den Kindern, sich zu entspannen und ein lockeres und warmes Gefühl zu bekommen. Jedes Kind hat Kontakt mit zwei anderen Kindern und kann üben, einem anderen auf einfache Weise etwas Gutes zu tun bzw. sich selbst etwas verwöhnen zu lassen. Gleichzeitig können die Kinder die Ausdrucksmöglichkeiten von Händen und Stimmen erweitern und üben, einen anderen genau wahrzunehmen.

Teilnehmer

Alle ab 10 Jahren. Voraussetzung für dieses Spiel ist, dass sich die Kinder bereits gut kennen und dass eine vertrauensvolle Atmosphäre herrscht. Die Gruppengröße ist beliebig.

Zeit

Sie benötigen etwa 10 Minuten für dieses Experiment.

Spielanleitung

Ich möchte euch ein sehr hübsches Interaktionsspiel vorschlagen. Stellt die Stühle im Kreis zusammen und setzt euch hin... Nun wendet eurem linken Nachbarn den Rücken zu, sodass ihr selbst den Rücken eures rechten Nachbarn vor euch habt. Lasst dabei aber die Stühle so stehen wie vorher, sodass die Lehne nach außen zeigt... Sorgt dafür, dass die Abstände zwischen den Stühlen so groß sind, dass jeder bequem die Hand auf die Schultern des Vordermannes legen kann...

Ich werde euch gleich auffordern, die Schultern des Kindes vor euch sanft zu massieren. Ziel dieser Massage ist es, dass sich das Kind vor euch wohlfühlt und die Muskulatur seiner Schultern und seines Halses etwas aufgelockert wird. Damit ihr nun richtig massiert, empfehle ich euch Folgendes:

Jeder reagiert auf die Massage, die er bekommt, mit Tönen, um dem Masseur zu zeigen, wie ihm die Sache gefällt. Auf diese Weise kann er natürlich auch zu erkennen geben, wenn er es gern etwas kräftiger haben möchte oder wenn er eine sanftere Massage wünscht. Sprecht aber nicht, sondern zeigt nur durch die Art eurer Töne, wie euch die Massage gefällt.

Jeder sendet also Töne nach hinten und achtet gleichzeitig darauf, welche Signale er von vorn erhält, um sie bei seiner Massage zu berücksichtigen.

Habt ihr verstanden, wie das geht?... Dann schließt jetzt bitte die Augen und beginnt mit der Massage eures Vordermanns. Sprecht nicht dabei, sondern sendet nur Töne und Geräusche, damit ihr euren Masseur informiert, wie ihr es gern haben möchtet... Vergesst nicht, auch auf die Signale zu achten, die ihr von vorn bekommt... (2 Min.)

Jetzt stoppt bitte einen Moment. Öffnet die Augen und dreht euch um, sodass ihr jetzt den Rücken eures linken Nachbarn vor euch habt... Jetzt schließt wieder die Augen und beginnt eine Massage bei dem neuen Partner, sendet auch wieder Signale nach hinten und hört gut zu, was das Kind vor euch mit seinen Tönen sagt... (2 Min.)

Stoppt wieder. Ich möchte gern, dass ihr euch gleich mit euren Nachbarn unterhaltet, wie ihr miteinander ausgekommen seid. Bitte beginnt mit einem von euren Partnern... Sagt euch, wie es war, von diesem Partner massiert zu werden und ihn zu massieren.

– Habt ihr die Signale des Partners richtig gedeutet?
– Konntet ihr euch gut auf den Partner konzentrieren?

Ihr habt für dieses Gespräch 2 Minuten Zeit...

Nun dreht euch zur anderen Seite und sprecht mit dem zweiten Partner über das Experiment und tauscht euch darüber aus, wie ihr miteinander ausgekommen seid. Ihr habt wieder 2 Minuten Zeit...

Auswertungsgesichtspunkte

- Wie fühle ich mich jetzt?
- Was hat mir besonders gut gefallen?
- Was war schwierig für mich?
- Bin ich überhaupt schon einmal massiert worden? Von wem? Wann zuletzt?
- In welchen Situationen fühlen sich Nacken und Schultern steif und unbeweglich an?
- Was war schöner für mich: massiert zu werden oder selbst zu massieren?
- Was war unterschiedlich bei meinen Partnern?
- Habe ich mich getraut, wirklich deutliche Töne zu senden?
- Konnte ich verstehen, was mein Partner mir mit seinen Tönen sagen wollte?

- Wen würde ich in der Gruppe am liebsten massieren?
- Von wem würde ich selbst am liebsten massiert werden?

Erfahrungen

Dieses Experiment eignet sich sowohl als Start als auch für den Abschluss einer Sitzung. Wenn Sie es am Ende einer Sitzung erproben, sollte die Auswertung in der Gruppe wegfallen.

Das Experiment ist hilfreich für Gruppen, in denen die Kinder viel rangeln und hauptsächlich aggressiv miteinander umgehen. Hier können sie lernen, auf eine sanftere und liebevolle Weise Kontakt zu haben. Am Ende einer Sitzung entlässt „Massagekette“ die Kinder in der Regel in einer aktiven und optimistischen Stimmung. Am Anfang einer Sitzung wird es Verspannungen und Ängste lösen und Kontakt bieten.

ERFRORENE HÄNDE 14

(K.W.Vopel)

Ziele

Dieses Spiel wärmt die Kinder im wörtlichen Sinne an und gibt ihnen ein Gefühl von Sicherheit und Intimität. Jedes Kind kann ein anderes von einer neuen Seite kennenlernen und bedeutungsvollen Kontakt herstellen. Gleichzeitig lernen die Kinder ihre Ausdrucksmöglichkeiten zu erweitern und sich gefühlsmäßig für kurze Zeit intensiv auf einen anderen Menschen einzustellen.

Teilnehmer

Ab 10 Jahren. Voraussetzung ist, dass die Gruppe bereits ein bestimmtes Ausmaß an Offenheit und Vertrauen entwickelt hat. Die Gruppengröße ist beliebig.

Zeit

Sie benötigen ca. 15 Minuten.

Material

Sie brauchen eine Flasche mit Körperlotion.

Spielanleitung

Ich möchte euch ein Interaktionsspiel vorschlagen, das für manchen vielleicht etwas ungewöhnlich ist.

Zunächst möchte ich gern, dass ihr euch ein anderes Kind aussucht, auf das ihr neugierig seid und das ihr etwas besser kennenlernen wollt... Setzt euch nun mit eurem Partner, den ihr ausgewählt habt, zusammen, und zwar so, dass ihr euch anschauen könnt... Verteilt euch gleichmäßig im Raum, damit sich die einzelnen Paare bei der Arbeit nicht gegenseitig stören...

Findet heraus, wer von euch beiden der Kleinere ist... Stellt euch vor, dass der Kleinere von euch an einem eiskalten Winterabend lange unterwegs war und dass er kalte, halberfrorene Hände hat. Es gibt ein Medikament, das jedoch nur wirkt, wenn es sorgsam in die halberfrorenen Hände einmassiert wird. Ich werde das Medikament gleich verteilen und dem Größeren aus jedem

Paar etwas geben, damit er seinem Partner helfen kann. Bitte sprecht nicht während der Behandlung, damit ihr euch ganz auf die Hände konzentrieren könnt. Der Größere soll sehr vorsichtig und behutsam das Medikament in die Haut der Hände des kleineren Partners reiben, etwa 2 Minuten lang.

Geben Sie nun dem größeren Partner in jedem Paar eine haselnussgroße Menge von Körperlotion.

Bitte beginnt jetzt, die halberfrorenen Hände eures Partners vorsichtig zu heilen, indem ihr das Medikament langsam und sorgfältig einmassiert... (2 Min.)

Jetzt stoppt bitte und wechselt die Rollen. Jetzt hat der Kleinere die Aufgabe, die halberfrorenen Hände des großeren Partners zu behandeln. Ich gehe wieder herum und werde das Medikament verteilen... Jetzt stoppt und sprecht kurz mit eurem Partner, was ihr bei diesem Experiment erlebt habt.

- Habt ihr euch gut aufgehoben gefühlt bei eurem Helfer?
- Hat er sorgfältig und behutsam massiert, oder ist er ungeduldig gewesen?
- Wie war das für euch?
- Wie fühlen sich eure Hände jetzt an?
- Sind sie warm geworden?
- Was war schöner für euch, zu massieren oder massiert zu werden? (5 Min.)

Auswertungsgesichtspunkte

- Was hat mir an diesem Experiment gefallen?
- Was war schwierig für mich?
- Habe ich etwas Neues über mich erfahren?
- Habe ich etwas Neues an meinem Partner entdeckt?
- Habe ich mir meinen Partner ausgesucht, oder hat er mich ausgesucht?
- Hat jemand sich schon einmal ähnlich um meine Hände gekümmert? Wer war das und wann war das?
- Wie fühlen sich meine Hände jetzt an?
- Wie fühle ich mich jetzt?

Erfahrungen

Dies ist ein besonders schönes Interaktionsspiel speziell für solche Kinder, die im Alltag wenig Gelegenheit haben zu streicheln oder gestreichelt zu werden. Die Kinder werden gleichzeitig auf ihre heilenden Kräfte aufmerksam gemacht.

Wenn einzelne Kinder dabei lachen oder albern reagieren, ist das in der Regel ein Zeichen dafür, dass die emotionale Nähe der Massagesituation für sie ungewöhnlich und deshalb beängstigend ist. Die Kinder, für die dieses Experiment am notwendigsten ist, werden daher am ehesten versuchen, auszuweichen.

Kapitel 2

WAHRNEHMUNG

15 ETWAS IST ANDERS

(Improvisationstheater)

Ziele

Hier können die Kinder ihre visuelle Beobachtungsgabe schulen, indem sie bei verschiedenen Paarexperimenten herauszufinden suchen, wieweit der jeweilige Partner etwas an seiner Kleidung bzw. Körperhaltung verändert hat.

Das Experiment sensibilisiert die Kinder für wichtige Aspekte der nonverbalen Kommunikation.

Teilnehmer

Alle ab 8 Jahren. Die Gruppengröße ist beliebig.

Zeit

Sie benötigen etwa 30 Minuten für dieses Experiment.

Spielanleitung

Ich möchte euch zu einem kleinen Beobachtungsspiel einladen, bei dem ihr herausfinden könnt, wie gut ihr beobachtet. Ihr wisst, dass es einige Berufe gibt, wo es besonders darauf ankommt, dass gut beobachtet wird. Ein Detektiv zum Beispiel muss seine Umwelt sehr genau betrachten, um seine Aufgabe erfüllen zu können. Hier könnt ihr nun einmal feststellen, ob einige von euch sich für diesen Beruf eignen.

Sucht euch bitte zunächst ein anderes Kind aus, mit dem ihr dieses Spiel zusammen ausprobieren wollt...

Jetzt stellt euch bitte voreinander hin und stellt fest, wer von euch der Größere und wer der Kleinere ist... Habt ihr das herausgefunden?... Ich möchte gern, dass ihr euch beide jetzt genau anschaut. Schaut sehr sorgfältig auf die Kleidung des Partners. Macht sozusagen ein Gedankenfoto von dem anderen... (30 Sek.)

Ich werde gleich den Kleineren von euch bitten, die Augen zu schließen. Dann hat der Größere Gelegenheit, irgendetwas an seiner Kleidung zu verändern, zum Beispiel kann er einen Schnürsenkel öffnen, er kann einen Strumpf ein kleines bisschen herunterziehen, einen Knopf am Hemd öffnen oder schließen oder irgendetwas Ähnliches tun. Hinterher soll der Kleinere dann herausfinden, was sein Partner verändert hat. Habt ihr verstanden, was ich meine?...

Dann soll jetzt bitte der Kleinere die Augen schließen... Bitte nicht blinzeln. Haltet die Augen geschlossen, damit der Größere in Ruhe etwas verändern kann. Er darf übrigens nur eine einzige Sache an seiner Kleidung verändern... (30 Sek.)

Jetzt können alle Kleineren ihre Augen wieder öffnen. Wenn ihr herausgefunden habt, was der Partner an seiner Kleidung verändert hat, dann sagt es ihm bitte. Er wird euch dann sagen, ob ihr richtig beobachtet habt... (30 Sek.)

Nun möchte ich gern wissen, wer von euch ein guter Detektiv ist und die Veränderung richtig entdeckt hat...

Jetzt wechselt bitte die Rollen. Jetzt soll der Größere die Augen schließen und der Kleinere etwas an seiner Kleidung verändern, aber nur eine einzige Sache... (30 Sek.)

Bitte öffnet jetzt wieder die Augen und versucht herauszufinden, was der Kleinere von euch an seiner Kleidung verändert hat... Wenn ihr es entdeckt habt, sagt es ihm... (30 Sek.)

Auch diesmal möchte ich wissen, wie viele von euch herausgefunden haben, was der Partner verändert hat...

Sprecht jetzt kurz miteinander, ob euch dieses Experiment Spaß bringt und wie gut ihr sonst im täglichen Leben beobachten könnt. Erzählt euch, bei welchen Gelegenheiten ihr besonders aufmerksame Beobachter seid... (3 Min.)

Ich möchte gern, dass ihr euch jetzt noch einmal einen anderen Partner aussucht, um mit ihm dasselbe Experiment zu machen. Wen möchtet ihr euch diesmal aussuchen?...

Wiederholen Sie dann die Instruktionen wie in der ersten Runde. Gehen Sie dann weiter zum zweiten Teil des Experiments.

Sucht euch nun noch einmal einen neuen Partner... Diesmal wollen wir das Spiel abwandeln. Der Kleinere von euch wird zunächst die Augen schließen, sodass der Größere etwas verändern kann. Er soll diesmal jedoch nichts an seiner Kleidung verändern, sondern er soll eine andere Haltung mit seinem Körper einnehmen. Schaut euch bitte genau an, wie ihr jetzt steht...

Nun soll der Kleinere die Augen schließen... Jetzt verändert bitte der Größere etwas an seiner Körperhaltung... Er kann zum Beispiel den einen Fuß ein wenig weiter nach vorn stellen, die Arme leicht verschränken; er kann einen Arm anwinkeln, den Kopf ein wenig schief halten, die Hände falten – er kann irgendetwas an seiner Körperhaltung verändern. Auch bei dieser Runde darf es jedoch nur eine Sache sein, die er verändert... (15 Sek.)

Und jetzt öffnet bitte wieder die Augen und versucht herauszufinden, was anders ist... (30 Sek.)

Wer hat es diesmal herausgefunden?...

Jetzt wechselt die Rollen, sodass jetzt der Größere die Augen geschlossen hält, während der Kleinere etwas an seiner Körperhaltung verändert... (15 Sek.)

Und jetzt öffnet bitte wieder die Augen und findet heraus, was euer Partner an seiner Haltung verändert hat... (30 Sek.)

Ich möchte wieder wissen, wer das Richtige herausgefunden hat... Sprecht kurz miteinander, ob euch dieser Teil des Experiments auch Spaß gemacht hat und wie gut und sicher ihr die Veränderung in der Körperhaltung entdeckt habt... (3 Min.)

Auswertungsgesichtspunkte

- Was hat mir am meisten Spaß gemacht?
- Was hat mir am wenigsten Spaß gemacht?
- Konnte ich die Kinder auswählen, die ich auch gern als Partner haben wollte, oder habe ich abgewartet, bis mich jemand wählte?
- Was hat mir mehr Spaß gemacht, zu beobachten oder etwas zu verändern?
- Habe ich gemogelt und die Augen geöffnet?
- Wie weit beachte ich sonst die Kleidung und Körperhaltung anderer Menschen?
- Wie wichtig ist mir meine eigene Kleidung?
- Beachte ich die Kleidung des Gruppenleiters?
- Was kann die Kleidung über einen Menschen sagen?
- Was sagt mir die Körperhaltung eines Menschen?

Erfahrungen

Dieses Spiel ist sehr einfach durchzuführen, da es Neugier und Entdeckerfreude der Kinder ins Spiel bringt.

INDIANER UND TRAPPER 16

(altes Kinderspiel)

Ziele

Die Kinder können bei diesem Spiel genaues Hinhören üben und die Fähigkeit, sich gewandt und geräuschlos zu bewegen.

Teilnehmer

Alle ab 8 Jahren. Die Gruppengröße ist beliebig.

Zeit

Sie sollten das Spiel etwa 15 Minuten dauern lassen.

Material

Sie benötigen einen Schal als Augenbinde.

Raum

Sie können dieses Spiel nur in einer Umgebung mit einem niedrigen Geräuschpegel durchführen.

Spielanleitung

Ich möchte mit euch ein kleines Spiel ausprobieren, bei dem ihr üben könnt, euch nach Indianerart anzuschleichen. Stellt euch in einem engen Kreis zusammen.

Einer von euch – der Trapper – stellt sich in die Mitte des Kreises mit verbundenen Augen. Er wartet dort und versucht, möglichst genau zu hören, ob irgendetwas Verdächtiges in seiner Umgebung passiert. Er muss nämlich damit rechnen, dass sich ein anderer von euch – der Indianer – langsam und leise heranschleicht, um ihn zu berühren. Wenn dem Indianer das gelingt, hat er gewonnen und er darf den Platz des Trappers einnehmen. Wenn allerdings der Trapper den Indianer rechtzeitig hört und mit dem Finger in die Richtung zeigt, aus der der Indianer kommt, muss dieser zurück an seinen Platz, und ein anderer Indianer darf sein Glück versuchen. In diesem Fall sage ich: „Trapper, du hattest Recht. Es hat sich ein Indianer angeschlichen, du hast ihn rechtzeitig entdeckt.“

Wenn allerdings der Indianer den Trapper berühren kann, bevor ihn dieser entdeckt, darf der Indianer den Platz des Trappers einnehmen. Der Trapper bleibt also so lange in der Mitte des Kreises, bis jemand von euch ihn überraschen und berühren kann. Wichtig ist natürlich, dass alle anderen ganz still sind, nur dann hat der Trapper eine echte Chance. Außerdem gilt die Spielregel, dass sich nur ein Indianer zur Zeit anschleichen darf.

Habt ihr verstanden, wie das Spiel geht?... Wer möchte erster Trapper sein?...

Auswertungsgesichtspunkte

- Was hat mir bei diesem Spiel Spaß gemacht?
- Hat mich etwas gestört?
- Welche Rolle finde ich besser: Indianer oder Trapper?
- Wie gut konnte ich als Indianer schleichen?
- Wie gut konnte ich als Trapper hören? Wann kann es sonst wichtig sein, besonders leise zu gehen?
- Wann ist es nützlich, besonders gut hören zu können?

Erfahrungen

Dieses Spiel bringt viel Spaß und eignet sich ebenso als Lerneinheit für das Wahrnehmungstraining wie als Freizeitspiel für eine Gruppenfahrt.

BOHNENJAGD 17

(altes Kinderspiel)

Ziele

Die Kinder können lernen, aufmerksam ihre Umwelt zu betrachten und systematisch bzw. eher intuitiv etwas zu suchen.

Teilnehmer

Alle ab 8 Jahren. Die Gruppengröße ist beliebig.

Zeit

Sie benötigen etwa 10 Minuten.

Material

Sie brauchen ein halbes Pfund weiße Bohnen.

Spielanleitung

Heute möchte ich euch zu einer großen Bohnenjagd einladen. Ich werde euch das zunächst erklären.

Gleich müsst ihr alle den Raum verlassen, und ich werde dann alle diese Bohnen verstecken. Natürlich kann ich mir selbst nicht alle Plätze merken, sodass wir das Risiko eingehen, einige Bohnen überhaupt nicht wiederzufinden. Wenn ich euch nämlich wieder hereinrufe, dann sollt ihr die versteckten Bohnen suchen. Ihr habt dafür genau drei Minuten Zeit, und derjenige wird Sieger sein, der nach drei Minuten die meisten Bohnen gefunden hat. Er wird als unser Bohnenkönig von allen auf den Schultern durch den Raum getragen werden.

Habt ihr alles verstanden?... Dann geht jetzt schnell vor die Tür, damit ich die Bohnen verstecken kann...

Auswertungsgesichtspunkte

- Was hat mir bei diesem Spiel gefallen?
- Was hat mir nicht gefallen?
- Bin ich mit mir zufrieden?

- Gönne ich dem Bohnenkönig seinen Sieg?
- Wie hat der Bohnenkönig es angestellt, so erfolgreich zu sein?
- Was ist sonst wichtig gewesen für mich?

Erfahrungen

Dieses Spiel ist problemlos, bringt den Kindern in der Regel Spaß und trainiert ihre Beobachtungsgabe und ihre Reaktionsgeschwindigkeit.

Sie müssen beim Verstecken der Bohnen sicherstellen, dass Sie diese wirklich gleichmäßig über den ganzen Raum verteilen.

WAS IST DAS? 18

(K.W.Vopel)

Ziele

Dieses Spiel hilft den Kindern, bewusster zu hören und sich klar zu werden, welche unterschiedlichen Geräusche verschiedene Materialien abgeben. Insgesamt werden die Kinder – besonders durch die anschließende Auswertung – in ihrer akustischen Sensibilität gefördert.

Teilnehmer

Alle ab 8 Jahren. Die Gruppengröße ist beliebig.

Zeit

Spielen Sie dieses Spiel ca. 15 Minuten.

Spielanleitung

Ich möchte heute mit euch herausfinden, wie gut eure Ohren funktionieren. Ein Freiwilliger von euch kann folgende Aufgabe übernehmen: Während alle anderen die Augen geschlossen haben, steht er leise auf und sucht sich einen Gegenstand aus, gegen den er drei Mal mit seinem Finger klopft. Dann setzt er sich ruhig wieder hin. Nun dürfen alle anderen Kinder die Augen wieder öffnen und ihm sagen, gegen welches Material er ihrer Meinung nach geklopft hat. Wer zuerst richtig rät, wird der nächste Klopfer sein. Wenn niemand richtig rät, gibt der Klopfer sein Geheimnis preis und darf für eine weitere Runde Klopfer sein.

Habt ihr verstanden, wie das geht?... Wer möchte der erste Klopfer sein?...

Auswertungsgesichtspunkte

- Was hat mir Spaß gemacht?
- Was hat mich geärgert?
- Hatten alle Kinder die Augen gut geschlossen?
- Wie leicht fiel es mir, herauszufinden, was der Klopfer ausgewählt hatte?
- Was hat mir geholfen, das richtige Material herauszufinden?
- Welches Material war für mich besonders schwer zu erkennen?

- Wie gut sind meine Ohren sonst?
- Welche Geräusche sind normalerweise in diesem Raum zu hören? Welche Geräusche höre ich im Alltag am meisten?
- Was sind meine Lieblingsgeräusche?
- Bei welchen Geräuschen schalte ich ab, sodass ich sie gar nicht wahrnehme?
- Bei welchen Geräuschen werde ich neugierig?

Erfahrungen

Dieses Experiment ist eine ausgezeichnete Konzentrationsübung. Gleichzeitig sensibilisiert es die Kinder für die Geräusche ihrer Umgebung.

Variation: Ältere Kinder können Sie auffordern, Synästhesien zu entwickeln, indem Sie sagen: „Malt die einzelnen Geräusche und gebt ihnen spezifische Farben und Formen."

KIMSPIEL 19

Boyscout-Tradtition

Ziele

Bei diesem Spiel können die Kinder ihre visuelle Wahrnehmung und ihr Gedächtnis trainieren.

Teilnehmer

Alle ab 8 Jahren. Die Gruppengröße ist beliebig.

Zeit

Sie brauchen ca. 5 Minuten.

Material

Sie brauchen verschiedene Gegenstände, die Sie den Kindern präsentieren, z. B. Bleistift, Papier, Radiergummi, Tischtennisball, Salzstreuer, Spielauto, Fingerring, Kamm etc.

Spielanleitung

Ich möchte heute mit euch ausprobieren, wie gut ihr mit eurem Gedächtnis zurechtkommt.

Ich werde zunächst acht verschiedene Gegenstände auf meinen Tisch legen und sie euch dann 20 Sekunden lang zeigen. In dieser Zeit müsst ihr alle Dinge genau in euer Gedächtnis aufnehmen, damit ihr euch hinterher gut daran erinnern könnt. Nach diesen 20 Sekunden werde ich die Dinge nämlich unter einem Tuch verstecken. Wir wollen dann sehen, wie viele Gegenstände jeder in seinem Gedächtnis behalten hat. Habt ihr verstanden, wie das geht?...

Dann kommt jetzt alle zu meinem Tisch und stellt euch um ihn herum, sodass jeder gut sehen kann... Ich werde jetzt das Tuch für 20 Sekunden von den Gegenständen nehmen...

Decken Sie dann die Gegenstände wieder zu.

Bitte setzt euch jetzt auf eure Plätze und schreibt die Gegenstände auf, an die ihr euch erinnern könnt. Dann könnt ihr vorlesen, was ihr notiert habt...

Auswertungsgesichtspunkte

- Was hat mir bei diesem Spiel gefallen?
- Was hat mich gestört?
- Wie viele Gegenstände konnte ich behalten?
- Wie habe ich mir geholfen, um die Gegenstände nicht zu vergessen?
- Welche Techniken wende ich sonst an, um mir bestimmte Dinge zu merken?
- Was ist mir sonst bei diesem Spiel aufgefallen?

Erfahrungen

Dieses Spiel bringt den Kindern viel Spaß. Sie können den Schwierigkeitsgrad langsam steigern, indem Sie immer mehr Gegenstände in die Kollektion aufnehmen. Wiederholen Sie dieses Spiel zu verschiedenen Zeitpunkten, um das Gedächtnis und die Wahrnehmungsfähigkeit der Kinder zu trainieren.

Es ist besonders sinnvoll, wenn Sie die Auswahl der Gegenstände aus dem natürlichen Arbeitsbereich der Kinder wählen. So können Sie zum Beispiel im Biologieunterricht verschiedene Früchte, im Erdkundeunterricht Fotos verschiedener Städte zusammenstellen etc.

HASE UND JÄGER 20

(altes Kinderspiel)

Ziele

Die Kinder haben hier Gelegenheit, ihr Gehör und ihre Reaktionsfähigkeit zu trainieren. Sie können üben, sich planmäßig und gewandt zu bewegen.

Teilnehmer

Alle ab 8 Jahren. Die Gruppengröße ist beliebig.

Zeit

Spielen Sie dieses Interaktionsspiel ca. 15 Minuten lang.

Material

Sie benötigen einen Seidenschal als Augenbinde und eine kleine Glocke an einer Schnur.

Spielanleitung

Ich möchte mit euch ein hübsches Spiel ausprobieren, das „Hase und Jäger" heißt. Stellt euch bitte in einen Kreis, und zwar so, dass zwischen den einzelnen Kindern niemand mehr hindurchgehen kann.

Einer von euch wird Jäger sein. Wir werden dem Jäger die Augen verbinden, und seine Aufgabe wird es sein, den Hasen zu fangen. Der Jäger kann zwar nichts mehr sehen, dafür hat er aber noch seine Ohren. Und mit den Ohren wird er den Standort des Hasen ausmachen können, der nämlich eine kleine Glocke um den Hals hängen haben wird. Immer wenn der Hase läuft, wird das Glöckchen klingeln, sodass der Jäger ungefähr ahnen kann, wo sich der Hase befindet. Wenn er den Hasen erwischt und ihn festhalten kann, ist er erlöst. Dann wird der Hase der Jäger und kann sich einen neuen Hasen aus eurer Mitte aussuchen.

Es ist wichtig, dass die anderen Kinder aufpassen, dass niemand von den beiden aus dem Kreis hinauslaufen kann. Es gibt noch eine wichtige Spielregel: Der Hase darf die Glocke nicht festhalten, damit der Jäger immer die Glocke hören kann. Der Jäger muss sich wirklich auf sein Gehör verlassen und versuchen, den Hasen zu fangen. Aus diesem Grund ist es natürlich auch sehr wichtig, dass alle anderen Kinder ganz still sind.

Habt ihr verstanden, wie das Spiel geht?... Wer möchte Jäger und wer möchte Hase werden?...

Auswertungsgesichtspunkte

- Was hat mir an diesem Spiel gefallen?
- Was hat mir nicht gefallen?
- Welche Rolle gefiel mir besser, die des Jägers oder die des Hasen?
- Waren die anderen leise genug, dass der Jäger den Hasen hören konnte?
- Bei welchen Gelegenheiten ist es im Alltag wichtig, Geräusche zu beachten?
- Bei welchen Gelegenheiten fühle ich mich sonst verfolgt?
- Bei welchen Gelegenheiten fühle ich mich sonst als Verfolger?

Erfahrungen

Eine interessante Variationsmöglichkeit besteht darin, dass auch dem Hasen die Augen verbunden werden. Dann fällt die Glocke weg, und beide müssen versuchen, aus den natürlichen Geräuschen den Standort des Verfolgers bzw. des Verfolgten herauszufinden. Hier kann dann der Jäger die rituelle Frage stellen: „Wo bist du, Hase?“, auf die der Hase mit dem rituellen Satz antworten muss: „Hier bin ich.“

ICH SEH, ICH SEH WAS 21

(altes Kinderspiel)

Ziele

Bei diesem alten Kinderspiel können die Kinder üben, verschiedene Farben sicherer zu erkennen und zu benennen. Gleichzeitig können sie sich dabei ihr Verhältnis zu bestimmten Farben bewusster machen.

Teilnehmer

Alle ab 6 Jahren. Die Gruppengröße ist beliebig.

Zeit

Spielen Sie dieses Spiel nicht länger als 10 Minuten.

Spielanleitung

Ich möchte heute mit euch ein Spiel spielen, das viele von euch wahrscheinlich schon kennen, es heißt: „Ich seh, ich seh was."

Einer beginnt und sucht sich eine Farbe aus, die ihn im Augenblick besonders interessiert, vielleicht rot. Dann sucht er hier im Raum nach einem roten Gegenstand und sagt dann zu uns: „Ich seh, ich seh was, und das glänzt rot." Nun können wir anfangen zu raten, welchen roten Gegenstand er sich hier im Raum ausgesucht hat. Wir werden alle roten Gegenstände aufzählen, die wir hier sehen. Sobald der richtige Gegenstand genannt ist, darf sich derjenige, der ihn gefunden hat, als Nächster eine interessante Farbe aussuchen und einen Gegenstand hier im Raum wählen, der diese Farbe hat.

Habt ihr verstanden, wie das geht?... Wer möchte anfangen?...

Auswertungsgesichtspunkte

- Was hat mir Spaß gemacht?
- Was hat mich gestört?
- Kenne ich alle Farben?
- Was ist meine Lieblingsfarbe?
- Habe ich meine Lieblingsfarbe ausgewählt?
- War es leicht, hier im Raum etwas in dieser Farbe zu finden?

- Welche Farbe mag ich am wenigsten gern?
- Woran denke ich, wenn ich meine Lieblingsfarbe sehe?
- Woran denke ich, wenn ich die Farbe sehe, die ich am wenigsten gern habe?
- Wozu sind Farben wichtig?
- Wenn ich eine Farbe wäre, welche wollte ich dann sein?

Erfahrungen

Dieses scheinbar banale Spiel kann durch eine sorgfältige Auswertung den Kindern zu wichtigen Einsichten verhelfen.

WER BIST DU? 22

(altes Kinderspiel)

Ziele

Bei diesem Experiment werden die Kinder für die physischen Merkmale anderer sensibilisiert. Außerdem können sie üben, differenziert mit ihren Händen wahrzunehmen.

Teilnehmer

Alle ab 8 Jahren. Die Gruppengröße ist beliebig.

Zeit

Spielen Sie etwa 15 Minuten lang.

Material

Sie brauchen eine Augenbinde für die jeweilige Zentralperson.

Spielanleitung

Ich möchte mit euch ein Spiel ausprobieren, das „Wer bist du?“ heißt. Einer von euch wird der Blinde. Ihm werden die Augen verbunden, und er wird dann in die Mitte des Raumes geführt. Um ihn herum stellen sich die anderen Kinder im Kreis auf, geben sich die Hand und laufen schnell um ihn herum.

Sobald der Blinde „Stopp!“ ruft, müssen alle augenblicklich stehen bleiben. Von diesem Moment an darf nur noch der Blinde reden. Er wird zu einem Kind gehen und herauszufinden suchen, wer das ist. Der Blinde kann das ihm zunächst unbekannte Kind anfassen, beschnuppern und etwas zu ihm sagen. Das Kind darf ihm jedoch nicht antworten. Wenn der Blinde fragt: „Wer bist du?“ darf das Kind lediglich ein kleines Geräusch machen. Ist der Blinde sicher, wen er vor sich hat, kann er es riskieren zu sagen: „Ich glaube, du bist...“ Wenn er jedoch Zweifel hat, kann er zu einem anderen Kind gehen, um dort sein Glück zu versuchen. Wenn er richtig rät, ist der Blinde erlöst und derjenige, den er erkannt hat, nimmt die Stelle des Blinden ein.

Wenn der Blinde jedoch einen Fehler macht und einen falschen Namen nennt, muss er noch einmal von vorn anfangen. Irrt er sich auch beim zweiten

Mal, kommt ein anderer Freiwilliger an die Reihe. – Habt ihr verstanden, wie das geht?... Bitte denkt daran, dass ihr nach dem Tanz um den Blinden nicht mehr sprecht. Wer möchte unser erster Blinder sein?...

Auswertungsgesichtspunkte

- Was hat mir Spaß gemacht?
- Hat mich etwas geärgert?
- Wie sind die Blinden vorgegangen, um die Kinder zu erkennen?
- Wie haben sie ihre Hände benutzt?
- Mochten die Blinden die unbekannten Kinder berühren?
- Wie fühlten sich die Kinder, wenn sie von den Blinden berührt wurden?
- Welche Kinder kann ich deutlich vor meinem inneren Auge sehen, wenn ich die Augen schließe?
- Woran würde ich diese Kinder sofort erkennen?
- Worauf achte ich besonders, wenn ich mir andere Menschen anschaue?
- Welche Einzelheiten des Gesichts und des übrigen Körpers kann ich gut behalten?

Erfahrungen

Dieses Kinderspiel bringt Spaß und führt gleichzeitig zu einem höheren Maß an Vertrauen in der Gruppe.

Variation 1 (ab 10 Jahren): „Schließt die Augen und wartet ab, welches Kind aus der Gruppe vor eurem geistigen Auge erscheint. Versucht herauszufinden, welche Teile der Person ihr ganz deutlich sehen könnt und welche weniger deutlich..." (1 Min.)

In einem Rundgang berichtet dann jedes Kind von seinen Erfahrungen.

Variation 2: Ein Freiwilliger stellt sich zur Verfügung. Von den anderen sagen beliebig viele, welches körperliche Detail für sie am charakteristischsten an dem Betreffenden ist. Dieses Detail soll möglichst realistisch und nicht wertend beschrieben werden.

WER HAT ANGEFANGEN? 23

(Improvisationstheater)

Ziele

Die Kinder können bei diesem Spiel üben, mit den Augen genau zu beobachten. Gleichzeitig können sie lernen, spezifische Bewegungen zu imitieren.

Darüber hinaus können sie in einem Einer-gegen-alle-Arrangement üben, in der Gruppe zu kooperieren.

Teilnehmer

Alle ab 8 Jahren. Die Gruppengröße ist beliebig.

Zeit

Spielen Sie nicht länger als 10 Minuten.

Spielanleitung

Ich möchte mit euch ein Spiel ausprobieren. Es heißt: „Wer hat angefangen?"

Bitte setzt euch zusammen in einen Kreis... Ein Freiwilliger wird die Rolle des Detektivs übernehmen. Er wird zunächst den Raum verlassen und wiederkommen, wenn wir ihn rufen. Während seiner Abwesenheit wählt ihr anderen jemanden aus, der zum Anführer werden soll. Er soll nämlich nach der Rückkehr des Detektivs mit einer charakteristischen Bewegung beginnen, die alle anderen nachmachen, z. B. kann er mit dem Kopf hin- und herwackeln, danach mit dem rechten Fuß wippen, dann mit der Hand auf den Schenkel schlagen usw. Alle Kinder im Kreis müssen ihn gut und heimlich beobachten, um eine neue Bewegung möglichst sofort und genau nachzumachen.

Die Aufgabe des Detektivs ist es herauszufinden, wer der Anführer ist. Er wird sich in die Mitte des Kreises stellen und versuchen, möglichst schnell den Anführer zu entdecken. Er darf drei Mal eine Vermutung äußern. Wenn es ihm nicht gelingt, den Anführer festzustellen, gibt dieser sich nach der dritten falschen Vermutung zu erkennen. Danach wird dann ein anderes Kind Detektiv. Wenn der Detektiv jedoch den Anführer entdeckt, darf er selbst seinen Detektiv-Nachfolger bestimmen.

Habt ihr alles verstanden?... Wer möchte erster Detektiv sein?...

Auswertungsgesichtspunkte

- Was hat mir am meisten Spaß gemacht?
- Was hat mich gestört oder geärgert?
- Wie genau hat der Detektiv beobachtet?
- Was hat dem Detektiv geholfen, den Anführer zu entdecken?
- Wie gut haben die Kinder mit dem Anführer zusammengearbeitet?
- Was habe ich sonst bemerkt?

Erfahrungen

Dieses Spiel ist eine reizvolle Trainingsmöglichkeit für Konzentration und Wahrnehmung.

MIT DEN AUGEN ZUHÖREN 24

(K.W.Vopel)

Ziele

Bei diesem Spiel können die Kinder üben, wichtige Signale der Körpersprache wahrzunehmen und sie bewusst zu entziffern.

Teilnehmer

Alle ab 8 Jahren. Die Gruppengröße ist beliebig.

Zeit

Sie benötigen ca. 30 Minuten.

Spielanleitung

Ich möchte mit euch eine neue Sprache lernen, die ihr alle schon sprecht, die ihr aber nicht immer versteht. Es handelt sich um die Sprache unseres Körpers.

Ich will euch erklären, was das ist. Ich werde gleich Dinge sagen, ohne dass ich dabei Worte benutze. Ich bin gespannt, ob ihr herausfindet, was ich euch mit meiner Körpersprache sage. Wenn ich z.B. wie jetzt den Kopf schüttle, dann ist das ein Wort aus der Körpersprache, und dieses Wort heißt „Nein“. Wenn ihr mich also jetzt verstehen wollt, müsst ihr mich genau anschauen, um zu sehen, was ich sage.

Beginnen Sie, indem Sie ein müdes Gesicht machen. Sie können den Kopf in die Hand stützen und die Augen halb schließen. Dann fragen Sie die Kinder, was sie gesehen haben. Regen Sie an, dass die Kinder die versuchsweise Formulierung in der Ich-Form bringen, also z.B. sagen: „Ich bin müde – Ich bin erschöpft“ usw. Da die Körpersprache verhältnismäßig vieldeutig ist, ist ein breites Spektrum annäherungsweise richtiger Interpretationen möglich. Sobald keine Äußerungen von den Kindern mehr kommen, geben Sie bitte einen kurzen Kommentar, in dem Sie das Spektrum der zutreffenden Interpretationen eingrenzen. Sagen Sie dann, was Sie selbst genau mitteilen wollten. Machen Sie die Kinder immer wieder darauf aufmerksam, dass man von außen die Signale der Körpersprache nie eindeutig entziffern kann.

Dann machen Sie ein ängstliches Gesicht. Ziehen Sie die Schultern hoch, um den Kopf ein wenig darin zu verstecken. Öffnen Sie leicht den Mund und ziehen Sie die Augenbrauen hoch. Stellen Sie sich dabei vor, dass Sie gerade einem Verkehrsunfall zuschauen.

Dann machen Sie ein erfreutes Gesicht. Lächeln Sie und stellen Sie sich vor, dass Sie im Lotto gewonnen haben.

Jetzt heben Sie die eine Hand und schütteln den Zeigefinger leicht hin und her. Stellen Sie sich dabei vor, dass Sie einen zudringlichen Menschen in die Schranken weisen. Sie können noch verschiedene andere Signale senden, ganz wie Sie wollen und wie die Kinder auf Sie reagieren.

Dann drehen Sie die Aktivität um und geben den Kindern Gelegenheit, selbst in der Körpersprache zu sprechen:

Jetzt möchte ich gern, dass ihr einmal selbst in der Körpersprache redet, so wie ich das eben gemacht habe. Zunächst schlage ich vor, dass ihr mit eurem Körper – ohne Worte – sagt, dass ihr ärgerlich seid...

Geben Sie den Kindern für jede der kleinen Aufgaben ca. 10 Sekunden Zeit. Achten Sie darauf, dass nicht gesprochen wird.

... dass ihr nervös seid...

... dass ihr Angst habt...

... dass ihr müde seid...

... dass ihr euch groß und überlegen fühlt...

... dass ihr euch langweilt...

... dass ihr durstig seid...

... dass ihr hungrig seid...

... dass ihr schwitzt...

... dass ihr friert...

... dass ihr ein alter Mann seid...

... dass ihr ziemliche Flegel seid...

... dass ihr sehr schüchtern seid...

... dass ihr glücklich und zufrieden seid...

Und jetzt zeigt, wie ihr euch im Augenblick fühlt, wie euch im Augenblick zumute ist...

Auswertungsgesichtspunkte

- Was hat mir Spaß gemacht?
- Was wird hauptsächlich in der Körpersprache ausgedrückt?
- Gibt es in unserer Gruppe Signale in der Körpersprache, die mir auffallen?

- Nenne einige wichtige Unterschiede zwischen der Körpersprache und der Sprache der Wörter.
- Senden einige Kinder in unserer Gruppe Signale, die ich schwer verstehen kann?
- Kenne ich Beispiele, wo jemand verschiedene Dinge auf einmal sagt, nämlich mit Worten und durch die Körpersprache – und wo beides nicht zusammenpasst? (Wenn z. B. jemand sagt: „Ich bin böse auf dich“ und lächelt dabei.)

Erfahrungen

Dieses Spiel ist außerordentlich nützlich. Es ist allerdings wichtig, dass Sie auf die Aspekte der Körpersprache auch sonst immer wieder eingehen und die Kinder langsam und kontinuierlich dafür sensibilisieren, eigene und fremde Körpersprache in die Alltagskommunikation einzubeziehen. Als isoliertes Experiment hat dieses Spiel keinen großen Wert.

25 WAS MACHST DU FÜR EIN GESICHT?

(K.W.Vopel)

Ziele

Die Kinder können bei diesem Spiel trainieren, den Gesichtsausdruck der anderen genauer zu beobachten und versuchsweise herauszufinden, welche Gefühle durch einen spezifischen Gesichtsausdruck angedeutet werden.

Teilnehmer

Alle ab 10 Jahren. Die Gruppengröße ist beliebig.

Zeit

Sie benötigen zwischen 15 und 20 Minuten.

Spielanleitung

Ich möchte mit euch ein Spiel ausprobieren, bei dem ihr eine internationale Sprache kennenlernen könnt, nämlich die Sprache, die das Gesicht ohne Worte spricht. Ihr wisst alle, dass jeder von uns zu verschiedenen Zeiten einen ganz unterschiedlichen Gesichtsausdruck hat. Seht euch einmal mein Gesicht an...

Und jetzt achtet einmal darauf, wie sich mein Gesicht verändert...

Machen Sie jetzt vielleicht ein grimmiges Gesicht.

Jetzt will ich mein Gesicht wieder verändern...

Machen Sie ein freundliches Gesicht.

Ihr seht also, dass ich sehr verschiedene Gesichter machen kann. Wir alle achten – ob wir es wollen oder nicht – auf die Gesichter der Menschen, mit denen wir es zu tun haben, um herauszufinden, in welcher Stimmung sie sind, wie sie zu uns stehen, was sie über uns denken und was sie von uns wollen. Schon ein kleines Kind, das eine Bitte an seine Mutter richtet, achtet dabei genau auf ihr Gesicht. Andererseits gibt es oft Kinder, die es sich später nicht mehr erlauben, aufmerksam die Gesichter von Erwachsenen und anderen Kindern anzuschauen. So entgehen ihnen wichtige Hinweise, die ihnen ihre Gesprächspartner geben.

Ich möchte gern, dass ihr häufiger und bewusster die Gesichter anderer Menschen beachtet und genau darauf schaut, welche Stimmung sie durch einen bestimmten Gesichtsausdruck andeuten.

Für unser Spiel brauche ich gleich einen Freiwilligen, der die internationale Gesichtssprache lernen möchte. Ich werde dem Freiwilligen sagen: „Such mir ein Kind, das im Moment z. B. ein neugieriges Gesicht macht.“ Das flüstere ich ihm allerdings nur leise ins Ohr, damit ihr anderen nicht wisst, was für ein Gesicht ich suche. Der Freiwillige wird dann in der Gruppe herumgehen und euch anschauen. Wenn er glaubt, ein neugieriges Gesicht gefunden zu haben, wird er laut sagen: „Ich glaube, du machst gerade ein neugieriges Gesicht.“ Und um zu prüfen, ob er die Gesichtssprache richtig verstanden hat, wird er dann das entsprechende Kind fragen: „Bist du wirklich im Moment neugierig?“ Das angesprochene Kind sagt ihm dann, ob die Vermutung richtig war.

Jetzt möchte ich gern wissen, wer von euch beginnen möchte als erster Freiwilliger...

Lassen Sie das erste Kind ein ernstes Gesicht suchen. Weitere Gesichtsausdrücke, die wahrscheinlich in der Gruppe vorkommen, sind: fröhlich, müde, gelangweilt, ängstlich, aufgeregt etc. Sie können auf diese Weise fünf bis sechs Kinder üben lassen.

Während der Auswertung – und auch später – können Sie dann hier und da der ganzen Gruppe ähnliche Aufgaben stellen, z.B.: „Schaut euch einmal um. Wo seht ihr ein... Gesicht?“

Auswertungsgesichtspunkte

- Was hat mir an diesem Spiel gefallen?
- Wie leicht bzw. wie schwer fällt es mir, die Gesichtssprache anderer zu verstehen?
- Bemerke ich eigentlich selbst, was mein Gesicht gerade ausdrückt?
- Wessen Gesicht beachte ich in der Gruppe besonders aufmerksam?
- Wessen Gesicht beachte ich in der Gruppe am wenigsten?
- Welcher Gesichtsausdruck bei anderen gefällt mir gut?
- Welcher Gesichtsausdruck des Gruppenleiters gefällt mir besonders?
- Welcher Gesichtsausdruck des Gruppenleiters macht mir Angst?
- Wer in der Gruppe hat viele unterschiedliche Gesichter?
- Wer in der Gruppe hat meistens den gleichen Gesichtsausdruck?

Erfahrungen

Da das Sprechen über nonverbale Signale in unserer Kultur quasi ein Tabu ist, haben manche Kinder anfangs etwas Schwierigkeiten mit diesen und ähnlichen Spielen. Es ist daher außerordentlich wichtig, dass Sie den Kindern die Überzeugung vermitteln, dass sie das Recht haben, nonverbale Signale bei anderen zu beachten und anzusprechen.

Dieses Spiel hat nur dann einen Sinn, wenn Sie selbst auch in anderen Gruppensituationen nonverbale Signale der Kinder in den Kommunikationsprozess einbeziehen. Regen Sie die Kinder immer wieder an, herauszufinden, was das eigene Gesicht und was die Gesichter der anderen ausdrücken. Dazu gehört, dass die Kinder auch eine Wahrnehmungsüberprüfung machen, indem sie die Betroffenen fragen, ob sie sich tatsächlich so fühlen, wie sie aufgrund ihrer Beobachtung vermuten.

PHANTASIEBILD 26

(K.W.Vopel)

Ziele

Bei diesem Experiment können die Kinder lernen, visuelle Wahrnehmung präzise in Sprache umzusetzen. Gleichzeitig können sie üben, in der Phantasie aus den Details einer Beschreibung ein ganzes Bild zusammenzusetzen.

Teilnehmer

Ab 10 Jahren. Sie sollten dieses Experiment erst erproben, wenn die Kinder leichtere Spiele zur Wahrnehmung gemacht haben.

Zeit

Sie benötigen 30 bis 45 Minuten.

Material

Sie brauchen hierfür verschiedene alltägliche Gegenstände, wie z. B. eine Zitrone, Apfel, Holz, Stein, Geldstück, Bleistift, Radiergummi, Kissen, Tasse etc.

Spielanleitung

Ich möchte mit euch ein Spiel ausprobieren, bei dem ihr eure Phantasie benutzen müsst. Ihr könnt dabei herausfinden, wie gut ihr zuhört und wie genau ihr die Dinge, die in unserer täglichen Umwelt vorkommen, kennt. Gleich sollt ihr alle die Augen schließen. Einer von euch wird dann von mir einen Gegenstand erhalten und soll diesen möglichst genau beschreiben, und zwar das Material, die Größe, das Gewicht, die Form, die einzelnen Bestandteile, die Oberflächenbeschaffenheit. Er soll nicht sagen, wofür man den Gegenstand braucht, damit ihr nicht vorschnell ratet, worum es sich handelt.

Ich will euch ein Beispiel geben. Schließt jetzt einmal alle die Augen... Der Gegenstand, den ich jetzt in der Hand habe, ist aus Metall. Er besteht aus zwei Metallstücken, die fast gleich aussehen. Sie sind etwa in der Mitte durch eine Niete verbunden. An der einen Seite jedes Metallstücks ist eine Öse, sodass man die Finger durchstecken kann. Auf der anderen Seite ist das Metall an einer Kante geschliffen, ist scharf und läuft am Ende spitz zu. Wenn ich meine

Finger durch die beiden Ösen stecke, kann ich die Metallstücke auf- und zumachen. Die Oberfläche ist glatt und kühl. Sie sieht hellglänzend aus. Was ist das?...

Ich hoffe, Sie haben beim Lesen gemerkt, dass Sie für diese Demonstration eine Schere benötigen.

Habt ihr verstanden, wie dieses Spiel geht?... Wer hat Lust, als Erster einen Gegenstand zu beschreiben?...

Legen Sie die Gegenstände, mit denen Sie experimentieren wollen, unter einem Tuch verdeckt auf einen Tisch. Wenn der Freiwillige nach vorn kommt, legen Sie ihm einen der Gegenstände heimlich vor.

So, jetzt schließt bitte alle die Augen und hört genau zu, damit ihr in der Phantasie aus der Beschreibung der einzelnen Teile ein komplettes Bild des Gegenstandes entwickeln könnt. Wer glaubt, dass er weiß, um welchen Gegenstand es sich handelt, hebt bitte den Finger – immer noch mit geschlossenen Augen. Ich werde zu diesem Kind gehen und mir von ihm die Lösung ins Ohr flüstern lassen. Ich werde ihm dann sagen, ob es richtig oder falsch geraten hat. Wenn es sich geirrt hat, kann es die Augen geschlossen lassen und weitermachen. Wenn es richtig geraten hat, kann es seine Augen öffnen und sehen, wie die anderen vorankommen.

Und jetzt kommt die Beschreibung des ersten Gegenstandes...

Fordern Sie den Freiwilligen auf, möglichst langsam und detailliert zu beschreiben. Wenn weniger als 5 Kinder (bei einer Gruppe von ungefähr 20) nach der Beschreibung die richtige Lösung finden können, bitten Sie den Freiwilligen, die Beschreibung zu wiederholen. Helfen Sie ihm ggf. und korrigieren Sie falsche Ausführungen. Wenn mindestens 5 Kinder die richtige Lösung gefunden haben, bitten Sie alle, die Augen zu öffnen, und zeigen Sie ihnen den Gegenstand.

Wiederholen Sie dann diese experimentelle Anordnung für weitere Freiwillige mit anderen geeigneten Gegenständen.

Auswertungsgesichtspunkte

- Was hat mir Spaß gemacht?
- Was hat mich gestört?
- Habe ich mich als Freiwilliger gemeldet?
- War es schwer für mich, einen Gegenstand mit Worten genau zu beschreiben?
- Wie schnell konnte ich herausfinden, um welchen Gegenstand es sich jeweils handelte?

- Welche Kinder waren besonders erfolgreich bei der Identifizierung der Gegenstände?
- Bei welchen Gelegenheiten ist es wichtig, Gegenstände genau beschreiben zu können?

Erfahrungen

Dieses Spiel ist nicht ganz einfach und setzt genügend verbale Geschicklichkeit und Beobachtungsgabe voraus. Wenn das gegeben ist, kann das Spiel viel Spaß machen.

Variation 1: Jedes Kind beschreibt schriftlich mit fünf bis sieben Sätzen in der hier angegebenen Weise einen Gegenstand eigener Wahl. Anschließend lesen die Kinder ihre Zettel vor und raten, um welchen Gegenstand es sich jeweils handelt.

Variation 2: Wie oben, nur werden anstelle der Gegenstände Gesichter anderer Gruppenmitglieder beschrieben.

27 SCHATZSUCHE

(altes Kinderspiel)

Ziele

Das Spiel regt die Kinder an, die Signale der Körpersprache in die Kommunikation einzubeziehen. Außerdem wird ihre Beobachtungsgabe und die Kombinationsgabe ins Spiel gebracht.

Teilnehmer

Alle ab 10 Jahren. Die Gruppengröße ist beliebig.

Zeit

Sie können das Spiel zwischen 15 und 30 Minuten dauern lassen.

Material

Sie brauchen eine Münze, am besten ein Zwei-Euro-Stück.

Spielanleitung

Ich möchte mit euch heute ein Spiel ausprobieren, das „Schatzsuche" heißt. Zunächst will ich erklären, wie das Spiel geht. Wir werden uns alle im Kreis zusammensetzen; einer kann sich dann freiwillig melden, der der Schatzsucher wird. Der Schatzsucher wird zu Beginn der Runde das Zimmer zunächst verlassen müssen, damit wir Gelegenheit haben, den Schatz zu verstecken. Ich werde irgendeinem von euch eine Münze geben, die unser Schatz sein soll. Dieses Kind sucht sich dann ein anderes Kind aus, dem es den Schatz anvertraut. Damit der Schatzsucher nun nicht sofort sieht, wer den Schatz hütet, müsst ihr alle die Hände schließen zu einer Faust und auf eure Oberschenkel legen. Dann wird der Schatzsucher wieder hereingerufen, und ihr ruft ihm zu: „Hallo, alter Schatzsucher, wo ist der Schatz?"

Er darf drei Mal raten, in welcher Hand der Schatz verborgen ist. Dabei muss er jedes Mal begründen, wie er zu dieser Vermutung kommt. Er kann z. B. sagen: „Jutta, du hast den Schatz. Du guckst mich überhaupt nicht an und hast ein ganz rotes Gesicht. Außerdem ballst du die rechte Hand besonders stark zusammen."

Vorher – ehe er sich festlegt mit seiner Vermutung – kann der Schatzsucher mit beliebig vielen Kindern sprechen, um sie auf die Probe zu stellen. Er kann alle seine Beobachtungen ausdrücken und seine Überlegungen laut äußern. Auf diese Weise kann er vielleicht sogar einige Kinder dazu verleiten, dass sie sich verraten.

Wenn er Pech hat und nicht den richtigen Ort herausfindet, muss das Kind, das den Schatz verwahrt, seine Hand öffnen und den Schatz vorzeigen. Der erfolglose Schatzsucher darf nun sein Glück noch ein letztes Mal versuchen. Er geht wieder hinaus, und wir suchen einen neuen Ort für den Schatz. Hat er jedoch selbst den Schatz gefunden, kommt ein anderer Freiwilliger als Schatzsucher an die Reihe. Zur Belohnung darf der erfolgreiche Schatzsucher das neue Versteck für den Schatz wählen.

Ich möchte den Schatzsuchern noch ein paar Tips geben: Bitte achtet nicht nur auf die Hände, sondern versucht, möglichst viele Informationen zu sammeln, die die Kinder hier in der Runde sonst noch aussenden. Das heißt, achtet auch auf die Gesichter der anderen, auf die Körperhaltung, auf ihre Blicke, auf ihre Worte, auf die Art, wie sie etwas sagen, und so weiter.

Habt ihr alles verstanden? ...

Wer möchte der erste Schatzsucher sein?...

Geben Sie maximal fünf Kindern Gelegenheit, sich als Schatzsucher zu betätigen.

Auswertungsgesichtspunkte

- Was hat mir an diesem Spiel Spaß gebracht?
- Hat mich irgendetwas geärgert?
- Habe ich mich als Schatzsucher gemeldet?
- Hat es mir Spaß gemacht, den Schatzsucher in die Irre zu führen?
- Wer konnte den Schatzsucher besonders gut täuschen?
- Welche Möglichkeiten hatte der Schatzsucher, um den Schatz aufzuspüren?
- Wieweit hat er den Gesichtsausdruck, Bewegungen der Hände usw. berücksichtigt?
- Wie haben sich die Kinder gefühlt, die den Schatz vergeblich gesucht haben?
- Was habe ich sonst bei diesem Spiel erfahren?

Erfahrungen

Dieses Spiel kann sehr viel Spaß bringen. Es ist darüber hinaus sehr schwierig, den Schatz zu finden, wenn die Kinder bereits die Kunst der Verstellung gelernt haben.

Stellen Sie bei der Auswertung in den Vordergrund, dass es viel wichtiger ist, überhaupt nonverbale Aspekte der Kommunikation einzubeziehen als nur blind zu raten.

Gleichzeitig liefert das Experiment Anschauungsmaterial für die Vieldeutigkeit der Körpersprache: Sie kann spontaner Ausdruck meiner Empfindungen sein, und ich kann sie in einem gewissen Ausmaß manipulativ einsetzen wie ein Schauspieler.

Variation: Ein Kind geht im Kreis herum und hat den Schatz in den zusammengelegten Händen. Es berührt alle halbgeöffneten Hände der übrigen Kinder und lässt irgendwo das Geldstück tatsächlich hineingleiten (wie in dem alten Kinderspiel „Ringlein, Ringlein, du musst wandern...“). Anschließend kann derjenige, der das Geldstück versteckt hat, ein anderes Kind auffordern, den Schatz aufzuspüren. Diese zweite Version ist noch ein wenig einfacher als die erste und kann schon mit sechs- bis achtjährigen Kindern erprobt werden.

PHANTASIEGERÄUSCHE 28

(K.W.Vopel)

Ziele

Hier können die Kinder sich einmal bewusst auf verschiedene Geräusche konzentrieren. Sie können die Geräusche aus verschiedenen Situationen innerlich nacherleben und sich klar werden, was verschiedene Geräusche gefühlsmäßig für sie bedeuten.

Teilnehmer

Ab 10 Jahren. Die Teilnehmer sollten genügend Erfahrungen mit Interaktionsspielen gesammelt haben, sodass in der Gruppe bereits ein gutes Vertrauensklima besteht. Die Gruppengröße ist beliebig.

Zeit

Sie benötigen etwa 10 Minuten für dieses Experiment.

Spielanleitung

Ich möchte mit euch ein Spiel ausprobieren, bei dem ihr eure Ohren gebrauchen müsst und eure Phantasie.

Stellt euch bitte einen Augenblick hin und schließt die Augen... Jetzt haltet die Arme in die Höhe und lasst dabei die Augen weiter geschlossen...

Stellt euch jetzt auf eure Zehenspitzen und versucht, mit den Fingerspitzen die Decke des Raumes zu erreichen... Versucht, noch ein wenig höher zu greifen... und noch ein wenig höher... (10 Sek.)

Jetzt öffnet die Augen und setzt oder legt euch bequem hin... Sucht euch eine ganz bequeme Stellung...

Jetzt schließt die Augen wieder und haltet sie geschlossen, bis ich euch sage, dass ihr sie wieder aufmachen könnt... Liegt oder sitzt ihr ganz bequem?... Versucht es euch noch ein bisschen bequemer zu machen...

Beginnt jetzt, etwas tiefer zu atmen als gewöhnlich, und stellt euch vor, dass ihr die Luft bis in die Oberschenkel und in die Arme einzieht... Atmet auch gründlich aus, und achtet darauf, dass keine verbrauchte Luft in eurem Körper zurückbleibt... (15 Sek.)

Ich werde euch gleich auffordern, einmal verschiedene Weisen des Hörens auszuprobieren. Bitte achtet zunächst einmal darauf, welche Geräusche ihr in eurer Umgebung jetzt gerade hören könnt...

Welche Geräusche kommen von ganz weit her?... Welche Geräusche kommen aus mittlerer Entfernung?... Welche Geräusche kommen aus eurer unmittelbaren Umgebung?... (30 Sek.)

Jetzt möchte ich, dass ihr euch nicht mehr so sehr auf die wirklichen Geräusche konzentriert, sondern auf Phantasiegeräusche, auf Geräusche, die ihr bei anderen Gelegenheiten schon einmal gehört habt... Stellt euch vor, dass wir alle zusammen auf einem Bauernhof sind... Schaut euch um... (15 Sek.)

Wir gehen in den Stall, wo die Kühe stehen, und wir schauen eine Kuh an, die gern gemolken werden möchte. Die Kuh wird gleich ihr Maul öffnen und uns anmuhen. Versucht einmal zu hören, wie das ist, wenn die Kuh im Stall brüllt... (15 Sek.)

Jetzt gehen wir weiter und kommen in einen anderen Stall, in dem viele junge Schweine in den Boxen stehen. Die Schweine sind hungrig, und gerade, wenn wir den Stall betreten, beginnen sie zu quietschen und zu grunzen. Versucht einmal, diese Geräusche zu hören... (10 Sek.)

Jetzt gehen wir wieder aus dem Stall hinaus und gehen zu dem großen Freigehege für Hühner. Dort steht ein stolzer Hahn, umgeben von vielen Hennen. Der Hahn holt tief Luft, streckt den Kopf nach oben und kräht ein paarmal. Versucht zu hören, wie es ist, wenn der Hahn jetzt kräht... (10 Sek.)

Jetzt gehen wir weiter und kommen über den Hofplatz zu dem Taubenschlag. Auf den Flugstangen sitzen mehrere Tauben und gurren. Versucht einmal, die Tauben zu hören... (10 Sek.)

Schaut euch jetzt noch einmal den ganzen Bauernhof an und sagt ihm dann Auf Wiedersehen. Ich möchte euch nämlich in der Phantasie von dem Bauernhof wegführen ... Wir gehen nun zu einer kleinen Tischlerwerkstatt im Dorf... Dort gibt es eine große Kreissäge. Der Tischler sägt Holz. Versucht einmal, das Geräusch der Kreissäge zu hören... (10 Sek.)

Jetzt gehen wir aus der Tischlerwerkstatt hinaus und gehen weiter zur Schmiede... Der Schmied steht am Amboss und hält in der Zange ein großes Stück glühendes Eisen, das er mit dem Hammer schmiedet... Versucht einmal, den Klang des Hammers zu hören, das helle Klingen des Metalls... (10 Sek.)

Jetzt geht der Schmied mit dem heißen Eisen zu einem Wassergefäß, er taucht es hinein. Könnt ihr das zischende Geräusch hören?... (10 Sek.)

Jetzt geht der Schmied mit dem abgekühlten Eisen an seine Bohrmaschine, um ein Loch hineinzubohren. Versucht, auch das quietschende Geräusch des Bohrers zu hören... (10 Sek.)

Jetzt gehen wir in eine Schusterwerkstatt... Wir sehen dem Schuster zu, wie er ein Paar Holzschuhe mit einer Gummisohle versieht. Er benutzt den flachen Schusterhammer. Hört einmal, wie es klingt, wenn er Nägel mit dem Schusterhammer in die Holzpantinen schlägt...

Jetzt gehen wir weiter und sind auf der Straße des Dorfes... Ein Trecker kommt herangefahren. Hört den Motor, wie der Diesel nagelnde Geräusche macht und der große Auspuff tuckert... Der Trecker fährt vorbei und wird leiser... (10 Sek.)

Wir gehen zum Dorfausgang, dort gibt es eine Bahnlinie. Wir warten am Bahnübergang... Wir hören aus der Ferne einen Zug herankommen, er wird immer lauter. Hört einmal das Geräusch des herankommenden Zuges... Jetzt ist er bei uns und donnert vorbei.... Hört das Geräusch des leiser werdenden Zuges... (10 Sek.)

Es ist Mittag. Wir hören vom Turm der Dorfkirche die Glocke zwölf Mal schlagen. Hört einmal den Klang der Glocke... (15 Sek.)

Wir legen uns ins Gras einer Wiese, um uns ein wenig auszuruhen... Wir hören über uns einige Lerchen singen... (10 Sek.)

Ganz in der Nähe summen einige Bienen... (10 Sek.)

Nun bedeckt sich leider der Himmel, in der Ferne beginnt ein Gewitter. Hört den Donner leise grollen... (10 Sek.)

Das Gewitter kommt näher, und der Donner wird lauter... und jetzt knallt ganz in unserer Nähe ein Blitz, und der Donner grollt gewaltig... Wir laufen schnell in eine Gaststube, um uns vor dem einsetzenden Regen zu schützen... (15 Sek.)

Sagt der Gaststube jetzt Auf Wiedersehen und stellt euch auf einige neue Situationen ein...

Jetzt möchte ich, dass ihr euch einige Geräusche selbst einfallen lasst. Lasst euch jetzt ein ganz sanftes Geräusch einfallen, das ihr gut kennt... Konzentriert euch auf dieses Geräusch... Wo seid ihr, wenn ihr dieses Geräusch hört?... Seid ihr allein? Ist jemand sonst dabei?... Wie spät ist es?... Wo hört ihr das Geräusch?... Wie fühlt ihr euch, wenn ihr dieses Geräusch hört?... Und wo in eurem Körper merkt ihr das Gefühl? Im Kopf? In den Schultern? Im Bauch?... (10 Sek.)

Jetzt denkt an ein anderes Geräusch, an ein hartes Geräusch, das euch bekannt ist. Konzentriert euch auf dieses Geräusch... Wo seid ihr, wenn ihr es hört?... Seid ihr allein, mit einem anderen Menschen zusammen?... Wie spät ist es?... Wie fühlt ihr euch, wenn ihr dieses Geräusch hört?... Wo in eurem Körper merkt ihr dieses Gefühl?... (10 Sek.)

Jetzt konzentriert euch auf das schönste Geräusch, das ihr kennt. Was ist dieses Geräusch? Wer erzeugt es?... Wann hört ihr es und wo?... Wo in eurem Körper merkt ihr dieses Geräusch?... (10 Sek.)

Jetzt konzentriert euch auf das schrecklichste Geräusch, das ihr bisher kennengelernt habt. Wer erzeugt dieses Geräusch?... Wo und wann habt ihr es gehört?... Wart ihr allein? Mit anderen zusammen?.... Wie fühlt ihr euch, wenn ihr dieses Geräusch hört?... Wo in eurem Körper merkt ihr dieses Gefühl?... (10 Sek.)

Jetzt konzentriert euch auf die Frage: Wenn ihr euch selbst in ein Geräusch verwandeln könntet, welches Geräusch wäre das?... (30 Sek.)

Ich möchte, dass ihr in einer Minute die Augen wieder aufmacht, sodass wir darüber sprechen können, was ihr erlebt habt... (1 Min.)

Auswertungsgesichtspunkte

- Wann fühlte ich mich besonders wohl?
- Wie gut konnte ich bei dieser Phantasie innerlich mitmachen?
- Wie lebendig habe ich die verschiedenen Töne gehört?
- Welche Töne konnte ich mir gut vorstellen?
- Welche Töne konnte ich mir nur schwer oder gar nicht vorstellen?
- Wie entstehen Töne?
- Womit höre ich Geräusche?
- Warum ist es wichtig, dass wir zugleich gut sehen und hören können?
- Was würde passieren, wenn ich nicht mehr hören könnte?
- Was wäre schlimmer für mich, nicht mehr zu sehen oder nicht mehr zu hören?
- Kenne ich Menschen, die nicht hören können?
- Bei welchen Gelegenheiten höre ich besonders aufmerksam und gut?
- Bei welchen Gelegenheiten höre ich weg und überhöre bestimmte Dinge?

Erfahrungen

Dieses Phantasieexperiment unterstützt die Kinder im aktiven Gebrauch ihrer inneren Wahrnehmungsmöglichkeiten. Der letzte Teil – insbesondere die Frage nach dem unangenehmsten Geräusch – kann den Kindern unerledigte und sehr schmerzliche Situationen wieder ins Bewusstsein rufen.

Wenn Sie nicht in der Lage sind, mit den Kindern solche Reste zu bearbeiten, sollten Sie diese Frage auslassen. Für therapeutisch orientierte Kindergruppen ist dies eine der wichtigsten Situationen innerhalb der Phantasie.

Variation: Sie können die Kinder einige Zeit nach diesem Spiel zu einem symbolischen Feedback einladen. Wer immer möchte, stellt sich zur Disposition und hört von den anderen, welches Geräusch sie mit ihm assoziieren, z. B.: „Du erinnerst mich an den trockenen Knall eines Colts." „Du erinnerst mich an das Summen und Surren von Hochspannungsleitungen."

29 MUSIKPHANTASIE

(Encountertradition)

Ziele

Die Kinder können hier lernen, sich einmal wirklich auf das Hören von Musik zu konzentrieren. Gleichzeitig können sie üben, mit Hilfe der Musik ihre Phantasie wandern zu lassen und im Alltag eher zurückgedrängte Bewusstseinsinhalte in den Vordergrund zu holen.

Teilnehmer

Ab 8 Jahren. Je kleiner die Gruppe ist, desto besser.

Zeit

Sie benötigen etwa 10 Minuten für dieses Experiment.

Material

Spielen Sie eine Musik, die den Kindern unbekannt ist und keine kulturell vorgeprägten Assoziationen weckt, z. B. alte Gitarrenmusik. Vorzüglich geeignet ist zum Beispiel Heitor Villa-Lobos, Pieces pour Guitare, EMI, 2 C 053-80452, oder Barockmusik.

Spielanleitung

Ich möchte mit euch heute einmal etwas Musik hören. Jeder von uns kann dann seine Gedanken kreisen lassen und einmal sehen, was ihm zu der Musik einfällt...

Sucht euch einen Platz und setzt euch bequem hin... Jetzt schließt die Augen und haltet sie auch für die nächste Zeit geschlossen, bis ich euch sage, dass ihr sie wieder aufmachen könnt...

Liegt oder sitzt ihr ganz bequem?... Versucht, es euch noch ein bisschen bequemer zu machen...

Beginnt jetzt, etwas tiefer als gewöhnlich zu atmen, und stellt euch vor, dass ihr die Luft bis in die Oberschenkel und in die Arme einzieht... Atmet auch gründlich aus und achtet darauf, dass keine verbrauchte Luft in eurem Körper zurückbleibt...

Ich werde gleich die Musik beginnen lassen. Hört dann einfach zu; lasst die Gedanken wandern, wohin sie wandern, und seht, welche Bilder euch einfallen und welche Dinge euch durch den Kopf gehen. Ihr habt Zeit, solange die Musik spielt... *Lassen Sie jetzt etwa 5 Minuten lang die Musik spielen.*

Auswertungsgesichtspunkte

- Wie fühle ich mich jetzt?
- Wann fühlte ich mich besonders froh?
- Wann fühlte ich mich eher traurig?
- Wohin sind meine Gedanken gewandert?
- Wann höre ich sonst Musik auf ähnliche Weise?
- Wie höre ich normalerweise Musik?
- Welche Musik höre ich am liebsten?
- Habe ich etwas Wichtiges über ein anderes Kind erfahren?

Erfahrungen

An der Musikphantasie können die Kinder am wirksamsten teilnehmen, die auch sonst in der Lage sind, sich zu entspannen und sich auf eine spezifische Aktivität zu konzentrieren.

Für die anderen Kinder ist es wichtig, dass sie diese oder ähnliche Experimente häufiger wiederholen, damit sie es lernen können, sich innerlich zu entspannen. Je nach der augenblicklichen Lebenssituation der Kinder können spezifische wichtige Themen durch das Musikerlebnis ins Bewusstsein gerückt werden. Wenn Sie sich diesen Themen nicht gewachsen fühlen, sollten Sie dieses Experiment lieber nicht erproben.

30 WIRTSHAUS IM SPESSART

(K.W.Vopel)

Ziele

Bei dieser Gruppenphantasie können die Kinder ihre sinnliche Wahrnehmungsfähigkeit entwickeln. Sie können ihre Phantasie einsetzen und üben.

Teilnehmer

Alle ab 10 Jahren. Die Gruppengröße ist beliebig.

Zeit

Sie benötigen etwa 30 Minuten für dieses Experiment.

Spielanleitung

Ich möchte euch zu einer kleinen Phantasiereise einladen, bei der ihr einen sehr hübschen Platz kennenlernen könnt, nämlich das Wirtshaus im Spessart.

Stellt euch bitte einen Augenblick hin und schließt die Augen... Jetzt haltet die Arme in die Höhe und lasst dabei die Augen weiter geschlossen...

Stellt euch jetzt auf eure Zehenspitzen und versucht, mit den Fingerspitzen die Decke zu erreichen... Versucht, noch ein bisschen höher zu greifen... und noch ein bisschen höher... (10 Sek.)

Jetzt öffnet die Augen und setzt oder legt euch bequem hin... Sucht euch eine ganz bequeme Stellung...

Jetzt schließt die Augen wieder und haltet sie auch für die nächste Zeit geschlossen, bis ich euch sage, dass ihr sie wieder aufmachen könnt... Liegt oder sitzt ihr ganz bequem?... Versucht, es euch noch ein bisschen bequemer zu machen...

Beginnt jetzt, etwas tiefer als gewöhnlich zu atmen, und stellt euch vor, dass ihr die Luft bis in die Oberschenkel und in die Arme einzieht... Atmet auch gründlich aus und achtet darauf, dass keine verbrauchte Luft in eurem Körper zurückbleibt...

Jetzt stellt euch vor, dass wir auf einer gemeinsamen Reise sind in einem großen Waldgebiet. Wir sind den ganzen Vormittag gewandert und haben niemanden gesehen außer einigen Hasen und Rehen... Es ist ein warmer Tag, und wir sind alle ein wenig müde... Wir denken: „Hoffentlich kommen wir bald zu einem Rasthaus."... Die Luft riecht harzig nach Fichten, und ab und zu können wir den strengeren Duft von Moos und Farnkräutern wahrnehmen... Einige Schmetterlinge fliegen vor uns, und in den Ästen über uns hören wir die Vögel zwitschern...

Plötzlich kommen wir an ein großes altes Haus. Auf einem Schild steht „Wirtshaus im Spessart". Es ist niemand zu sehen. Die Fenster sind geschlossen, Spinnweben hängen vor ihnen. Niemand wohnt hier mehr... Wir gehen langsam in das Haus... Die Tür quietscht in den Angeln. Nacheinander gehen wir in den Flur. Es ist dämmrig, und wir können zunächst nicht viel sehen, dafür hören wir die Fußbodendielen knirschen und knarren... Niemand ist da. Es riecht moderig in dem Haus... Wir gehen in den Schankraum. Dicke Eichentische stehen dort... Fasst einmal die dicken Platten dieser alten Eichentische an. Sie sind ein wenig staubig, das Holz ist glatt und kühl...

Bei einem Tisch hängt eine Glocke. Einer von uns bringt die Glocke zum Klingen. Hört den Klang...

Geht hinüber zum Schanktisch. Es stehen dort viele leere Gläser. Jeder von euch nimmt sich ein Glas. Fühlt das schwere, kühle Glas in der Hand...

Wir gehen jetzt hinaus zur Pumpe, die im Hof steht. Einer von uns fängt an zu pumpen... Das Metall quietscht. Zunächst kommt kein Wasser, dann allmählich kommt etwas braunes Wasser und dann endlich klares, kaltes Wasser... Nacheinander hält jeder von uns sein Glas unter den Wasserstrahl und trinkt dann... Spürt, wie euch das kühle Wasser den Hals hinunterläuft und den Durst löscht...

Jetzt untersuchen wir das Haus. Wir gehen wieder hinein und steigen die Treppe hinauf zum ersten Stock... Dort finden wir viele Gastzimmer, sie sind alle leer... Die Betten sind ordentlich gemacht. Wir sehen die weißen Leinenlaken und dicken Daunenbetten...

Geht jetzt ein wenig im Haus herum und schaut, was ihr findet... (1 Min.)

In einem Raum steht ein altes Klavier. Einer von uns spielt ein wenig darauf. Hört die Töne... Was gibt es noch in diesem alten Haus zu entdecken?... (1 Min.)

Nachdem wir das Haus untersucht haben, gehen wir hinaus in den Garten. Dort wachsen an Sträuchern Beeren: Johannisbeeren, Himbeeren, Brombeeren. Jeder, der möchte, kann sich die Beeren pflücken und essen... Dann legen wir uns ins Gras und schauen in den Himmel. Das Gras ist angenehm kühl und duftet... Die Sonne brennt warm auf uns... Der Himmel ist blau, und es gibt keine Wolken...

Bienen summen in der Nähe... Als es immer wärmer wird, gehen wir zu dem kleinen Bach und stecken unsere Füße in das kalte, erfrischende Wasser... (30 Sek.)

Dann spielen einige von euch Verstecken. Hast du auch Lust, Verstecken zu spielen?... Wo versteckst du dich?... (1 Min.)

Allmählich wird es Zeit weiterzugehen. Wir gehen wieder zur Straße und ziehen unseren Weg weiter...

Ihr könnt noch eine Minute die Augen geschlossen halten, bis ihr wieder mit eurer Aufmerksamkeit in diesen Raum zurückkommt...

Auswertungsgesichtspunkte

- Wie fühle ich mich jetzt?
- Wie gut konnte ich mir die verschiedenen Dinge vorstellen? Was war für mich am schönsten?
- Habe ich irgendwann Angst gehabt?
- Was habe ich im Haus entdeckt, als ich auf eigene Faust herumging?
- Welcher Geruch, welcher Geschmack, welcher Anblick, welche Geräusche, welche Berührung war (waren) für mich am angenehmsten?
- Welchen Sinn benutze ich im Alltag am meisten?
- Welchen Sinn benutze ich besonders gern?
- Welchen Sinn vernachlässige ich?
- Wann genieße ich die Natur in ähnlicher Weise?
- Was ist mein schönster sinnlicher Genuss?

Erfahrungen

Diese Phantasie hilft den Kindern, ihr sinnliches Wahrnehmungsvermögen zu schulen und aktiveren Gebrauch zu machen von ihrer Phantasie. Es ist gleichzeitig ein gutes Mittel, um die innere Erlebnisfähigkeit der Kinder zu entwickeln.

ROSAROTE BRILLE 31

(nach G. Weinstein)

Ziele

Dieses ausgezeichnete Interaktionsspiel ist ein sehr einfaches Mittel, um den Kindern der Sache nach das Konzept von selektiver Wahrnehmung, Wahrnehmungsbarrieren und Lebenseinstellungen nahezubringen.

Teilnehmer

Ab 11 Jahren. Die Gruppengröße ist beliebig. Es ist sinnvoll, wenn die Kinder bereits verschiedene andere Interaktionsspiele erprobt haben und wenn in der Gruppe bereits ein gutes Vertrauensklima herrscht.

Zeit

Sie benötigen ca. 45 Minuten.

Material

Sie brauchen acht alte Brillengestelle ohne Gläser.

Spielanleitung

Ich möchte heute ein Spiel ausprobieren, das „Rosarote Brille" heißt. Dazu habe ich eine ganze Reihe von Spezialbrillen mitgebracht. Sie können uns helfen, besser zu verstehen, dass wir dieselben Dinge manchmal ganz unterschiedlich sehen und erleben.

Ihr wisst, wenn ihr manchmal ganz glücklich seid, dann sagt der eine oder andere vielleicht zu euch: „Du siehst alles durch eine rosarote Brille." Alles scheint dann schön und wunderbar zu sein.

Ich möchte euch mit den verschiedenen Brillen einmal zeigen, wie unterschiedlich wir das Leben betrachten können.

Hier habe ich eine Brille, die ich einmal die MISSTRAUENSBRILLE nennen möchte. Wenn ich diese Brille trage, bin ich sehr misstrauisch. Hat jemand von euch einmal Lust, diese Misstrauensbrille aufzusetzen und uns zu sagen, was er dann hier sieht? Wie er über uns und über die Welt denkt?...

Geben Sie jetzt mehreren Schülern die Gelegenheit, die Brille aufzu-

setzen und irgendetwas in der Umgebung zu sehen und zu kommentieren. Helfen Sie den Kindern, wenn nötig, z. B.: „Ich frage mich, ob ihr Lust zu diesem seltsamen Interaktionsspiel habt.“

Kennt ihr Menschen, die meistens eine Misstrauensbrille tragen? – Wann tragt ihr eine? – Wie fühlt ihr euch, wenn ihr eine Misstrauensbrille tragt? – Lasst uns 5 Minuten über diese Fragen miteinander sprechen...

Jetzt gebt mir die Brille bitte wieder zurück, damit ich mit euch eine andere Brille ausprobieren kann. Das hier ist die VERTRAUENSBRILLE. Möchten wieder einige von euch mit der Vertrauensbrille experimentieren?... Was seht ihr? – Was bemerkt ihr? – Was denkt ihr, wenn ihr diese Brille tragt?...

Geben Sie wieder einigen Kindern Gelegenheit, mit der Vertrauensbrille ihre Umgebung zu betrachten, um festzustellen, wie die Welt damit aussieht.

Kennt ihr Menschen, die meistens eine Vertrauensbrille tragen? – Wann tragt ihr eine? – Wie fühlt ihr euch, wenn ihr eine Vertrauensbrille tragt? – Lasst uns wieder 5 Minuten über diese Fragen miteinander sprechen...

Gebt mir jetzt bitte die Vertrauensbrille zurück, damit ich euch eine neue Brille geben kann. Das ist die RECHTHABERBRILLE. Wenn ich diese Brille trage, bin ich rechthaberisch und tue so, als ob ich alles besser weiß und mehr bin als andere. Möchten einige von euch mit dieser Brille experimentieren?...

Kennt ihr Menschen, die häufig eine Rechthaberbrille tragen? – Wann tragt ihr selbst eine? – Wie fühlt ihr euch, wenn ihr eine Rechthaberbrille tragt? – Lasst uns wieder darüber sprechen... (5 Min.)

Gebt mir jetzt bitte die Rechthaberbrille zurück, damit ich mit der nächsten Brille kommen kann. Ich will diese Brille einmal nennen die ICH-MACHE-ALLES-FALSCH-BRILLE. Wenn ich diese Brille trage, gehe ich davon aus, dass ich niemals etwas richtig mache, sondern immer die Schuld habe und alles falsch mache. Wie sieht die Welt dann aus?... Möchten einige von euch mit der Brille experimentieren?...

Kennt ihr Menschen, die häufig die Ich-mache-alles-falsch-Brille tragen? – Wann tragt ihr selbst eine? – Wie fühlt ihr euch, wenn ihr diese Brille aufhabt? – Lasst uns wieder darüber sprechen... (5 Min.)

Gebt mir jetzt bitte die Brille zurück. Ich möchte jetzt wieder eine andere Brille ausprobieren, das ist die ICH-BIN-BELIEBT-BRILLE. Wenn ich diese Brille trage, gehe ich davon aus, dass die anderen mich mögen und gern mit mir zusammen sind. Wer möchte mit dieser Brille experimentieren?...

Kennt ihr Menschen, die oft die Ich-bin-beliebt-Brille tragen? – Wann tragt ihr selbst diese Brille? – Wie fühlt ihr euch dann? – Wir wollen wieder 5 Minuten darüber sprechen...

Gebt mir die Brille zurück, damit ich euch jetzt die ICH-BIN-ÜBERHAUPT-NICHT-BELIEBT-BRILLE herausgeben kann. Wenn ich diese Brille trage, gehe ich davon aus, dass niemand mich mag und dass ich keinem etwas bedeuten kann. Wie sieht die Welt dann aus? – Was sehe ich? – Was fühle ich? – Wer von euch hat Lust, einmal mit dieser Brille zu experimentieren?...

Kennt ihr Menschen, die oft diese Brille tragen? – Wann tragt ihr selbst diese Brille? – Wie fühlt ihr euch dann? – Wir wollen zusammen darüber sprechen... (5 Min.)

Jetzt möchte ich gern zwei besonders wichtige Brillen herausholen. Die erste Brille ist die SCHWÄCHEN-BRILLE. Wenn ich sie trage, dann fühle ich mich schwach und unfähig. Ich möchte gern, dass jeder von uns diese Brille einmal aufsetzt und uns mitteilt, was er dann denkt, fühlt und was er sieht...

Lassen Sie jedes Kind einmal diese Brille aufsetzen und ausdrücken, was in seinem Bewusstsein ist.

Gebt mir jetzt bitte diese Brille zurück, und ich möchte jetzt eine ganz besonders schöne Brille heraussuchen, die Brille mit dem Namen STÄRKEN-BRILLE. Wenn ich sie trage, bin ich mir bewusst, dass ich eine ganze Menge kann, dass ich wichtig bin, dass ich zähle, dass ich mich auf mich selbst verlassen kann. Und ich möchte auch hier, dass jeder von uns diese Brille einmal aufsetzt und uns mitteilt, was er sieht, was er denkt, wenn er diese Brille trägt. Wer möchte beginnen?

Geben Sie wieder jedem Kind Gelegenheit, diese Brille aufzusetzen.

Auswertungsgesichtspunkte

- Wie fühle ich mich jetzt? Was hat mir am besten gefallen?
- Wurde ich irgendwann traurig oder ärgerlich?
- Welche Art von Brille trage ich am meisten?
- Welche Art von Brille würde ich gern häufiger benutzen?
- Welche Art von Brille braucht ein Neuankömmling, um sich in unserer Gruppe wohl zu fühlen?
- Welche Art von Brillen stört mich bei anderen Leuten am meisten?
- Welche Gefahren ergeben sich, wenn ich immer nur ein und dieselbe Brille trage?

- Welche Brille trägt mein Vater/meine Mutter überwiegend? Auf welche Weise erwerben wir unsere Brillen?
- Welche Brille trägt mein bester Freund vorzugsweise?

Erfahrungen

Wenn Sie das Spiel mit älteren Kindern erproben, können Sie natürlich auf der Basis der gemachten Erfahrungen die bei den Zielen angeführten psychologischen Konzepte auch explizit einführen.

Darüber hinaus können Sie das Spiel auch Ihren spezifischen didaktischen Ansätzen anpassen, indem Sie z. B. fragen: „Wie sieht jemand durch die katholische Brille das Ereignis X; und wie sieht jemand durch die evangelische Brille dieses Ereignis?“ etc.

Variation: Lassen Sie die Kinder in zwei kleinen Aufsätzen beschreiben, wie sie die erste Stunde eines durchschnittlichen Tages sehen, und zwar a) wenn sie die Stärken-Brille aufhaben und b) wenn sie die Schwächen-Brille tragen.

Kapitel 3

IDENTITÄT

32 NAMENSBILDER

(K.W.Vopel)

Ziele

Hier können sich die Kinder mit einem wichtigen Aspekt ihrer Identität beschäftigen, nämlich mit den Namen. Das Bild vertieft die intuitive Beschäftigung mit dem eigenen Namen und gibt anschauliches Material für das Auswertungsgespräch.

Teilnehmer

Ab 8 Jahren. Die Gruppengröße ist beliebig.

Zeit

Sie benötigen etwa 30 bis 45 Minuten.

Material

Sie brauchen für jedes Kind Zeichenpapier und Ölkreiden.

Spielanleitung

Wir wollen heute einmal mit unseren Namen arbeiten. Bitte holt euch gleich Zeichenpapier und Ölkreiden, und dann werde ich euch erklären, wie es weitergeht...

Ich möchte, dass jeder gleich seinen Namen ein paarmal leise vor sich hin sagt und dann malt, was ihm zu seinem Namen einfällt. Ihr habt dafür eine Viertelstunde Zeit...

Jetzt habt ihr noch 1 Minute Zeit, um euer Bild abzuschließen. Bitte schreibt euren Namen irgendwo auf das Bild...

Lasst das Bild auf eurem Platz liegen und schaut euch die Bilder der anderen Kinder an, die euch im Augenblick interessieren. Wenn ihr wollt, könnt ihr euch auch mit den Kindern unterhalten und ihnen sagen, was ihr über ihr Bild denkt. Ihr könnt sie auch fragen, wenn ihr etwas nicht versteht. Wenn ihr zu einem Bild kommt, das allein da- liegt, ihr aber mit dem Maler gern sprechen wollt, dann ruft ihn herbei. Ihr habt zum Herumwandern und Sprechen eine Viertelstunde Zeit...

Vor der Auswertung hängen Sie dann alle Bilder an die Wand, sodass sie bei Bedarf wieder angesehen und besprochen werden können. Hängen Sie dabei die Bilder von Kindern mit gleichem Namen zusammen.

Auswertungsgesichtspunkte

- Was ist mir zu meinem Namen eingefallen?
- Was bedeutet mein Name?
- Warum haben meine Eltern meinen Namen ausgewählt?
- Wie gefällt mir mein Name?
- Was wäre, wenn ich einen anderen Namen hätte?
- Welchen Namen würde ich sonst gern haben?
- Wie würde ich mich fühlen, wenn ich einen ganz langen Namen hätte?
- Wie würde ich mich fühlen, wenn ich einen ganz kurzen Namen hätte?
- Habe ich einen Spitznamen oder Kosenamen?
- Was ist den anderen Kindern zu ihrem Namen eingefallen?
- Wie haben mir die Bilder der anderen gefallen?
- Welchen Kindern sind ähnliche Dinge zu ihrem Namen eingefallen?
- Was für Bilder haben die Kinder gemalt, die genauso heißen wie ich?

Erfahrungen

Dieses Experiment fördert meistens so viel Material zutage, dass es sich für Sie lohnt, eine sehr ausführliche Auswertung zu machen.

Vermeiden Sie es, die Bilder zu interpretieren! Es ist sehr viel sinnvoller, mit den Kindern assoziativ und beschreibend vorzugehen.

33 BRIEF AN EIN KIND IM FREMDEN LAND

(K.W.Vopel)

Ziele

Hier können die Kinder mit Hilfe eines Satzergänzungs-Briefes eine Beschreibung der eigenen Person anfertigen, die wichtige Aspekte der eigenen Identität zum Ausdruck bringt.

Teilnehmer

Alle ab 8 Jahren. Die Gruppengröße ist beliebig.

Zeit

Sie brauchen ca. 30 Minuten.

Material

Für jedes Kind eine Satzergänzungs-Biografie.

Spielanleitung

Ich möchte heute, dass ihr einmal einen Brief schreibt, und zwar einen etwas ungewöhnlichen. Es ist nämlich ein Brief an einen Menschen, den ihr gar nicht kennt, nämlich an einen unbekannten Freund in einem fremden Land.

Ihr könnt euch dazu vorstellen, dass ihr die Adresse eines Brieffreundes bekommen habt, der ungefähr in eurem Alter ist. Ihr habt euch entschlossen, den ersten Brief zu schreiben. In diesem Brief wollt ihr ihm ein paar wichtige Dinge von euch mitteilen, damit er weiß, wer ihr seid.

Ich habe einen Teil des Briefs vorbereitet, sodass ihr die angefangenen Sätze nur zu vervollständigen braucht. Diesen vorbereiteten Brief gebe ich euch jetzt... Seht ihn euch einmal genau an... (1 Min.)

Am Anfang könnt ihr dem Freund einen Namen geben und euch aussuchen, in welcher Stadt und in welchem Land der Freund lebt...

Versteht ihr die Aufgabe?... Dann fangt jetzt an, den Brief zu schreiben. Unter den Brief – oder auf die Rückseite – könnt ihr ein Bild von euch malen... Ihr habt insgesamt 20 Minuten Zeit...

Jetzt sollt ihr euch ein Kind aussuchen, dem ihr euren Brief vorlesen und mit dem ihr darüber sprechen wollt. Ihr habt dafür 10 Minuten Zeit. Hinterher wollen wir uns alle zusammen unterhalten...

Lesen Sie nachher die Briefe der Kinder vor, die das gern möchten, und tauschen Sie sich dann mit den Kindern darüber aus.

Auswertungsgesichtspunkte

- Was hat mir Spaß gemacht?
- Habe ich schon einmal einen ähnlichen Brief geschrieben?
- Wem schreibe ich überhaupt manchmal?
- Bei welchem Satz musste ich am meisten nachdenken?
- Welcher Satz sagt dem Brieffreund am meisten über mich?
- Wen habe ich mir hinterher ausgesucht, um ihm meinen Brief vorzulesen?
- Habe ich von diesem Kind etwas Überraschendes erfahren durch seinen Brief?
- Weiß der Brieffreund jetzt ungefähr, wer ich bin? Möchte ich auch gelegentlich Post bekommen?
- Möchte ich häufiger einen solchen Brief schreiben?

Erfahrungen

Dieses Experiment bringt den Kindern am meisten, wenn sie bereits einige Erfahrungen mit Interaktionsspielen gesammelt haben und wenn eine vertrauensvolle Atmosphäre in der Gruppe herrscht.

BRIEF AN EIN KIND IM FREMDEN LAND

Liebe / Lieber.. in ....

Ich heiße.. und bin .... Jahre alt.

Ich habe.. Augen und .... Haare.

Am liebsten mag ich die Farbe ....

Mein liebstes Tier ist ....

Ich bin traurig, wenn ....

Ich bin froh, wenn ....

Am liebsten esse ich...

Mein schönstes Erlebnis in der letzten Zeit war ....

....

....

Ich möchte gern, dass Vater ....

Ich möchte gern, dass Mutter ....

Ich habe in der Schule Angst, wenn...

Wenn ich erwachsen bin, möchte ich...

Ich möchte, dass Du...

Ich bin oft...

Am liebsten spiele ich mit..

Mein bester Freund ist ....

Ich hoffe, dass ....

Jetzt will ich dir noch sagen,...

....

....

....

Mit vielen Grüßen Dein / Deine ....

MEIN SCHÖNSTER ERFOLG IM LETZTEN JAHR 34

(K.W.Vopel)

Ziele

Die Kinder können lernen, sich selbst positiver zu sehen und die Haltung des „Ich bin okay" zu verstärken.

Teilnehmer

Ab 8 Jahren. Gruppengröße nicht mehr als 16 Kinder.

Zeit

Sie benötigen ca. 15 Minuten für dieses Experiment.

Material

Papier und Bleistift für jedes Kind.

Spielanleitung

Ich möchte mit euch ein Spiel ausprobieren, bei dem es um Erfolg geht.

Überlegt euch einmal, was euer schönster Erfolg im letzten Jahr war. Beschreibt dann diesen Erfolg in acht Sätzen. Schreibt, wie ihr euch gefühlt habt, wie die Situation war, was ihr getan habt, ob andere Leute dabei waren usw. Schreibt bitte nicht euren Namen auf das Papier. Ihr habt 10 Minuten Zeit...

Sammeln Sie danach die Blätter ein, lesen Sie willkürlich herausgegriffene Blätter vor und lassen Sie die Kinder ihre Reaktionen darauf mitteilen und raten, wer der Verfasser ist.

Auswertungsgesichtspunkte

- Was war schön an diesem Experiment?
- Was hat mir nicht gefallen?
- Wie gut haben die anderen mich durch meinen Bericht erkannt?
- Was haben sie zu meinem Bericht gesagt?
- Wie fühle ich mich jetzt?

- Welchen anderen Kindern ist etwas Ähnliches eingefallen wie mir?
- Welche Art von Erfolg ist für mich besonders wichtig?
- Was gewinne ich dadurch?
- Werde ich in dieser Gruppe genügend anerkannt?
- Wem in der Gruppe möchte ich in Zukunft mehr sagen, was ich gut finde an ihm?
- Habe ich etwas Neues über ein anderes Kind erfahren?

Erfahrungen

Das Spiel stärkt das Selbstwertgefühl der Kinder. Für manche ist es außerordentlich wichtig, überhaupt einmal etwas Positives über sich zu äußern.

MEINE STÄRKEN 35

(K.W.Vopel)

Ziele

Die Kinder können sich bewusst machen, wie viele Stärken sie haben, und lernen, Stärken in einem breiteren Spektrum anzuerkennen.

Teilnehmer

Ab 10 Jahren. Die Gruppengröße ist beliebig.

Zeit

Sie brauchen ca. 45 Minuten.

Material

Papier und Bleistift für jedes Kind.

Spielanleitung

Ich möchte mit euch ein Spiel ausprobieren, das „Meine Stärken" heißt. Macht einen Katalog mit möglichst vielen Stärken, Eigenschaften und Qualitäten, die ihr habt, in denen ihr euch gut fühlt, also z. B.: Ich kann gut rechnen – kann gut Rad fahren – bin ein guter Fußballspieler – habe Ausdauer – kann andere trösten – kann andere verstehen – usw. Ihr habt dafür 10 Minuten Zeit...

Jetzt zählt einmal, wie viele unterschiedliche Stärken ihr gefunden habt, und schreibt diese Zahl unter euren Katalog...

Ich möchte, dass jeder uns jetzt in einem Rundgang mitteilt, wie viele Stärken er gefunden hat...

Zwischenauswertung

- Bei wem überrascht mich seine Zahl?
- Wer hat die größte Zahl?
- Wer hat die kleinste Zahl?
- Wie groß ist der Abstand dazwischen?
- Wo liege ich selbst?
- Was bedeuten die unterschiedlich umfangreichen Kataloge?

Nehmen Sie sich für diese Zwischenauswertung ungefähr 15 Minuten Zeit.

Jetzt möchte ich, dass wir gemeinsam versuchen, eine gewisse Ordnung in alle unsere Stärken zu bringen.

Schreiben Sie an die Tafel oder auf einen großen Bogen Packpapier einen Gesamtkatalog ohne Doubletten und finden Sie dann mit den Kindern geeignete Kategorien heraus, wie z. B. intellektuelle Stärken, seelische Stärken, körperliche Stärken, soziale Stärken etc.

Auswertungsgesichtspunkte

- Wann fühlte ich mich bei diesem Experiment am wohlsten, wann am schlechtesten?
- Neige ich dazu, meine Stärken zu übersehen?
- Würde es mir leichter fallen, alle meine Schwächen aufzuschreiben?
- Welchen Vorteil habe ich, wenn ich vor allem meine Schwächen betone?
- Welche meiner Stärken möchte ich besonders ausbauen?
- Wer in meiner Umwelt macht mich gelegentlich auf meine Stärken aufmerksam?
- Werden in dieser Gruppe eher Stärken oder eher Schwächen betont?
- Welche Stärken werden in dieser Gruppe besonders anerkannt?
- Welche Stärke an mir schätzt mein Vater bzw. meine Mutter?

Erfahrungen

Dies ist ein ausgezeichnetes Experiment, um den Kindern zu einem positiven Selbstkonzept zu verhelfen. Wenn ein Kind Schwierigkeiten hat, eigene Stärken zu notieren, fordern Sie andere Kinder auf, ihm mitzuteilen, was seine Stärken in ihren Augen sind.

Achten Sie darauf, dass Stärken in einem breiten Spektrum angesprochen werden, nicht nur Stärken aus einem kulturell geprägten engen Anforderungsprofil, z. B. typische Schulstärken etc.

WER BIN ICH? 36

(K.W.Vopel)

Ziele

Hier handelt es sich um ein einführendes Experiment zum Thema Identität, das die Kinder auf wichtige Aspekte ihrer Person hinweist.

Teilnehmer

Alle ab 9 Jahren. Die Gruppengröße ist beliebig.

Zeit

Sie brauchen ca. 25 Minuten.

Material

Fragenkatalog: „Wer bin ich?"

Spielanleitung

Ich möchte mit euch ein Experiment machen, das „Wer bin ich?" heißt. Dazu gebe ich euch ein Formular, das ihr bitte ausfüllt. Ihr habt dazu 10 Minuten Zeit...

Jetzt möchte ich gern, dass ihr in Vierergruppen zusammenkommt... Lest euch vor, was ihr aufgeschrieben habt, und sprecht darüber. Ihr habt eine Viertelstunde Zeit...

Jetzt kommt in den großen Kreis, damit wir alle zusammen noch einmal über dieses Experiment sprechen können...

Auswertungsgesichtspunkte

- Wie fühle ich mich jetzt?
- Welche Frage fand ich besonders wichtig?
- Welche Frage war schwer zu beantworten?
- Mit welchen Kindern bin ich in die Vierergruppe gegangen?
- Habe ich sie mir selbst ausgesucht?
- Haben sie mich ausgesucht?
- Von wem habe ich etwas Neues erfahren?

- Wer kennt mich von allen Menschen am besten?
- Wer kennt mich in dieser Gruppe am besten?

Erfahrungen

Das Experiment hilft den Kindern, das Gefühl für ihre eigene Identität zu entwickeln. Vor allem macht es die Kinder in den kleinen Gruppen intensiver miteinander bekannt und vertieft das Vertrauen.

In der Auswertung im Plenum können Sie sich natürlich mit großem Gewinn auf eine der Fragen konzentrieren.

Variation: Lassen Sie von den Kindern folgende Frage erarbeiten: „Welche Fragen müsste man mir stellen, um zu erfahren, wer ich bin?“ (für ältere Kinder)

FRAGENKATALOG: WER BIN ICH?

Wenn ich morgens aufstehe, bin ich meistens ....

....

Ehe ich einschlafe, denke ich oft ....

....

Besonders liebe ich ....

....

Ich mag keine Leute, die ....

....

Ich vertraue Leuten, die ....

....

Ich bin glücklich, wenn ....

....

Ich möchte, dass meine Eltern wissen, dass ich...

....

Ich habe Angst, wenn...

....

Ich bin traurig, wenn ....

....

....

....

Datum .... Unterschrift:...

37 ICH ENTSCHEIDE, DASS...

(Gloria Castillo)

Ziele

Die Kinder können sich durch dieses Spiel klarer machen, dass sie de facto für sehr viel mehr Aktionen die Entscheidung treffen, als sie dies in ihrem Bewusstsein annehmen.

Dieses Spiel wirkt der Tendenz der Erwachsenen entgegen, Kindern das Gefühl der Unselbständigkeit und Abhängigkeit einzuflößen, um sie besser manipulieren zu können bzw. um vor ihrer Spontaneität und Kreativität sicherer zu sein.

Teilnehmer

Ab 10 Jahren. Die Gruppengröße ist beliebig.

Zeit

Sie benötigen ca. 15 Minuten für dieses Experiment.

Spielanleitung

Ich möchte, dass wir uns mit Entscheidungen beschäftigen. Meine Entscheidung ist es zum Beispiel, diese Gruppe zu leiten. Eure Entscheidung ist es, ob ihr hierher kommt oder nicht, ob ihr pünktlich seid oder nicht, ob ihr hier redet oder nicht. Ich schlage vor, dass wir Folgendes tun:

Jeder sagt in einem Rundgang einen Satz, in dem er uns bekannt- gibt, was er selbst entscheidet. Dann spricht er irgendein anderes Kind an und sagt ihm, was nach seiner Meinung dieses Kind entscheidet. Wenn das angesprochene Kind euch nicht zustimmt, soll es das gleich sagen. Ich will euch ein Beispiel geben.

Oliver sagt: „Ich entscheide, dass ich dich zu meinem Geburtstag einlade, Volker. Du, Jörg, entscheidest, dass ich mich wohlfühle.“ In diesem Fall kann Jörg protestieren und sagen: „Ich kann gar nicht darüber entscheiden, ob du dich wohlfühlst. Das kannst du nur selbst.“

Hier noch ein anderes Beispiel: Stephan sagt: „Ich entscheide, dass ich heute die Schule schwänzen will. Du, Tobias, entscheidest, ob du mit mir ins Kino gehst.“ Tobias wird nichts dazu sagen, denn das, was Stephan sagte, war richtig. Habt ihr verstanden, wie das geht?...

Dann wollen wir jetzt den Rundgang starten. Ich werde selbst anfangen...

Jetzt möchte ich, dass wir eine neue Runde einlegen und sagen, was zum Beispiel Vater oder Mutter entscheiden. Beginnt wieder, indem ihr einen Satz sagt, was ihr selbst entscheidet, und im zweiten Satz dann das nennt, was Vater oder Mutter entscheiden. Ich will euch wieder ein Beispiel dafür geben:

Anita sagt: „Ich entscheide, dass ich pünktlich zum Essen komme. Mutter entscheidet, wie viel Geld sie jeden Monat spart."

Wir machen das wieder in einem Rundgang...

Jetzt möchte ich gern, dass jeder sagt, was er selbst entscheidet, und im zweiten Satz dann folgen lässt, was der Freund entscheidet, zum Beispiel kann Sabine sagen: „Ich entscheide, dass ich am Sonntagmorgen bis 11 Uhr schlafe. Mein Freund Harald entscheidet, dass er zum Fußballtraining geht." – Wir wollen auch hierfür einen Rundgang machen...

Auswertungsgesichtspunkte

- Wie oft benutze ich das Wort „Entscheidung"?
- Welche Worte benutze ich statt dessen?
- Wie viel Entscheidung überlassen mir Mutter und Vater?
- Wie viel Entscheidung überlassen mir meine Freunde/mein Lehrer?
- Was müssen Eltern tun, damit Kinder selbstständig werden können?
- Wie selbstständig bin ich zur Zeit?
- Welche Sachen kann ich noch nicht entscheiden?

Erfahrungen

Dies ist ein sehr wichtiges Experiment, das den Kindern hilft, sich mehr als Verursacher vieler ihrer eigenen Aktionen zu erleben und das Gefühl der eigenen Verantwortlichkeit zu vertiefen.

Die Kinder übernehmen ja von den Erwachsenen fast ausnahmslos einen abstrakten bzw. das Selbst ausklammernden oder entschuldigenden Sprachgebrauch, z. B. „Ich kann jetzt keine Schularbeiten machen", statt: „Ich will jetzt keine Schularbeiten machen." – „Karl, du machst mich wütend" statt: „Ich bin wütend auf dich." – „Es ist schade, dass du mich nicht zu deinem Geburtstag eingeladen hast" statt: „Ich bin traurig, dass du mich nicht zu deinem Geburtstag eingeladen hast."

38 IM ZOO

(K.W.Vopel)

Ziele

Hier können die Kinder einzelne Aspekte ihrer Persönlichkeit durch die Identifikation mit einem Tier ausagieren und sich auf diese Weise stärker darüber bewusst werden.

Teilnehmer

Alle ab 8 Jahren. Die Gruppengröße ist beliebig.

Zeit

Sie brauchen ca. 15 Minuten.

Spielanleitung

Ich möchte heute mit euch ein Spiel ausprobieren, das „Im Zoo" heißt. Wir können uns dabei besser kennenlernen und Spaß haben.

Ich möchte, dass sich jeder einmal überlegt, in welches Tier er sich verwandeln möchte. Sucht euch ein Tier aus, das Ähnlichkeit hat mit euch und das ihr gern habt. Schließt dafür vielleicht am besten einen Moment die Augen und seht zu, was für ein Tier dann vor eurem inneren Auge erscheint... (30 Sek.)

Jetzt verwandelt euch in die Tiere, die euch in den Sinn gekommen sind. Lauft im Raum herum und spielt das Tier, das euch eingefallen ist. Macht die Bewegungen des Tieres nach und seine Geräusche. Aber bitte sprecht nicht dabei in der normalen Menschensprache. Wenn ihr allein sein wollt, dann bleibt allein, wenn ihr mit anderen Tieren zusammenkommen wollt, dann geht zu ihnen hin. Wenn ihr bissig sein wollt, dann seid bissig; und wenn ihr spielen wollt, dann spielt. Wenn ihr ein wildes Tier sein wollt, dann seid wild; wenn ihr ein friedliches Tier seid, dann seid friedlich. Bewegt euch so, wie sich das Tier fühlt, das ihr euch ausgesucht habt...

Findet heraus, welche anderen Tiere zu eurem Tier passen... Findet heraus, welche Tiere für euch gefährlich sind... Welche Tiere beschützen euch?... Auf welche Tiere seid ihr neugierig?...

Lassen Sie die Kinder diesen Zoo ungefähr 10 Minuten lang realisieren.

Jetzt stoppt bitte und verwandelt euch wieder in Menschen. Wir wollen jetzt darüber sprechen, was ihr erfahren habt...

Erzählt uns in einem Rundgang, in welches Tier ihr euch verwandelt habt. Sagt dann bitte nicht nur: „Ich war ein Löwe“, sondern sagt zum Beispiel: „Ich war ein Löwe mit besonders langen Zähnen. Ich wollte mir von niemandem etwas gefallen lassen und war der allerstärkste.“ Oder sagt: „Ich war eine Katze mit langem, weichem Fell, die gern von anderen gestreichelt werden wollte.“

Auswertungsgesichtspunkte

- Wie hat mir dieses Spiel gefallen?
- Was war leicht für mich? Was war schwer für mich?
- Welches Tier war ich?
- Was sind die wichtigsten Eigenschaften meines Tieres?
- Was braucht mein Tier von anderen Tieren?
- Habe ich die Gesellschaft anderer Tiere gesucht?
- Mit welchen Tieren bin ich zusammengekommen? Auf welche Weise? – Wie lange?
- Welches Tier habe ich übersehen?
- Welchen Tieren bin ich aus dem Weg gegangen?
- Wie gut passen die Tiere zu den einzelnen Kindern?
- Was ist sonst wichtig gewesen für mich?
- Wenn ich das Spiel jetzt noch weiter spielen würde für zehn Minuten, welches Tier würde ich mir dann aussuchen?

Erfahrungen

Dies ist ein sehr lebendiges Spiel zum Thema Identität, bei dem sich die Kinder vor allem körperlich ausdrücken können. Vermeiden Sie es, die Tiere anschließend zu interpretieren. Es ist völlig ausreichend, wenn den Kindern klar wird, welche Stimmung ihr Tier gerade hatte und auf welche Weise es mit den anderen Tieren umging.

Variation 1: Spielt 5 Minuten dasselbe Tier, jedoch mit einem entgegengesetzten Charakter. Wenn ihr zum Beispiel ein wilder und grober Löwe gewesen seid, dann spielt jetzt einen sanften und feinfühligen Löwen...

Variation 2 (ab 10 Jahren): Erfinde eine Geschichte aus zehn Sätzen über dein Tier.

39 BABYBILDER

(Dan Malamud)

Ziele

Die Kinder können sich im Rahmen dieses Experiments bewusst werden, dass sie heranwachsen und älter werden. Sie können ihre spezifischen Einschätzungen und Erwartungen der verschiedenen Lebensphasen von Vergangenheit, Gegenwart und Zukunft herausfinden und aussprechen.

Teilnehmer

Alle ab 6 Jahren. Es gibt keine Voraussetzungen für dieses Spiel; nach Möglichkeit sollte die Gruppe jedoch nicht mehr als 16 Teilnehmer haben.

Zeit

Sie brauchen ca. 45 Minuten.

Material

Sie brauchen einen großen Bogen Packpapier und ein Babybild von jedem Kind. Es sollte ein Bild sein aus dem Baby- bzw. Kleinkindalter.

Spielanleitung

Ihr habt alle eure Babybilder mitgebracht, und ich möchte gleich damit beginnen, dass ihr mir eure Bilder gebt. Merkt euch bitte, welches euer Bild ist. Wir wollen die Bilder auf den großen Bogen kleben und gemeinsam raten, welches Babybild zu welchem Kind gehört...

Auswertungsgesichtspunkte

- Welche Babys sehen ähnlich aus?
- Sehen diese Kinder sich heute auch noch ähnlich?
- War es leicht für mich, die Kinder auf den Bildern wiederzuerkennen?
- Wie war es damals, als ich so klein war wie auf meinem Babybild?
- Was weiß ich überhaupt noch aus dieser Zeit?
- Was ist jetzt anders für mich geworden?
- Kannte ich damals Menschen, die heute tot sind?

- Gibt es heute jemanden, der damals noch nicht auf der Welt war in meiner Familie?
- Ist es für mich schöner, groß oder klein zu sein?
- Was habe ich alles gelernt seit meiner Babyzeit?
- Weiß ich, worauf ich mich in der Zukunft freue?
- Weiß ich, was ich einmal werden möchte?
- Wie stelle ich mir die nächsten drei Jahre vor?
- Was möchte ich in meinem Leben gern erleben?
- Wie gut gefällt mir mein Leben jetzt?
- Was möchte ich besser haben?
- Kann ich selbst etwas dafür tun, dass ich es besser habe?

Erfahrungen

Dieses Spiel ist unproblematisch und bringt – besonders im Rateteil – viel Spaß.

40 MAGISCHER KASTEN

(K.W.Vopel)

Ziele

Bei diesem Spiel können sich die Kinder darüber klarer werden, was sie unter Glück verstehen, und sie können vielleicht eine realistische Einstellung zum Glück entwickeln.

Teilnehmer

Ab 10 Jahren. Die Gruppe sollte nicht mehr als 16 Teilnehmer haben.

Zeit

Sie brauchen ca. 40 Minuten.

Material

Für jedes Kind Papier und Ölkreiden.

Spielanleitung

Ich möchte mit euch ein Spiel ausprobieren, das „Magischer Kasten" heißt. Ihr könnt dabei eure Phantasie einsetzen und einmal herausfinden, was ihr unter Glück versteht.

Stellt euch zunächst einen Augenblick hin und schließt die Augen... Jetzt haltet die Arme in die Höhe und lasst dabei die Augen weiter geschlossen...

Stellt euch jetzt auf eure Zehenspitzen und versucht, mit den Fingerspitzen die Decke zu erreichen... Versucht, noch ein bisschen höher zu greifen... und noch ein bisschen höher... (10 Sek.)

Jetzt öffnet die Augen und setzt oder legt euch bequem hin...

Sucht euch eine ganz bequeme Stellung... Jetzt schließt die Augen wieder und haltet sie auch für die nächste Zeit geschlossen, bis ich euch sage, dass ihr sie wieder aufmachen könnt...

Liegt oder sitzt ihr ganz bequem?... Versucht, es euch noch ein bisschen bequemer zu machen...

Beginnt jetzt, etwas tiefer als gewöhnlich zu atmen, und stellt euch vor, dass ihr die Luft bis in die Oberschenkel und in die Arme einzieht... Atmet auch gründlich aus und achtet bitte darauf, dass keine verbrauchte Luft in eurem

Körper zurückbleibt... Jetzt stellt euch vor, dass ihr vor euch einen sehr großen Kasten seht aus irgendeinem Material. Es ist ein Zauberkasten, denn er ist in der Lage, euch etwas zu geben, das euch sehr glücklich machen wird. Dieses Etwas kann eine Sache sein, ein Mensch oder ein Tier, was immer es auf der Welt gibt – es kann alles sein. Es gibt nur eine Einschränkung: Es ist nur eine einzige Sache, nicht mehr.

Versucht herauszufinden, was in diesem Zauberkasten für euch liegt, was euch am allerglücklichsten machen wird. Ihr habt 2 Minuten Zeit, um den Zauberkasten vorsichtig zu öffnen und diese Sache zu finden...

Nun bitte ich euch, die Augen wieder zu öffnen und aufzumalen, was ihr gefunden habt in dem Zauberkasten. Dafür habt ihr dann 15 Minuten Zeit. Bitte holt euch jetzt Papier und Ölkreiden und beginnt zu malen...

Ich möchte gern, dass ihr euch jetzt in Vierergruppen zusammenfindet. Sucht euch solche Kinder aus, mit denen ihr gern eure Bilder anschauen und besprechen möchtet. Ihr habt 20 Minuten Zeit, um euch in den Kleingruppen zu unterhalten...

Auswertungsgesichtspunkte

- Wann war ich bei diesem Experiment am glücklichsten?
- Wann war ich am wenigsten glücklich?
- Ist mir etwas Neues über mich bewusst geworden?
- Habe ich etwas Neues über einen anderen erfahren?
- Wieweit genieße ich dieses Glück, das ich gefunden habe, schon jetzt?
- Was trennt mich von diesem Glück?
- Welche kleinen Dinge machen mich glücklich?
- Was kann ich tun, um jeden Tag glücklich zu sein?
- Wie glücklich bin ich in dieser Gruppe?

Erfahrungen

Dies ist ein ausgezeichnetes und einfaches Experiment. Für die Auswertung ist es wichtig, dass Sie den Aspekt betonen, dass vor allem die normalen kleinen Dinge, die ich genießen kann, zu einem stabilen Glücksgefühl beitragen.

41 VISITENKARTE

(K.W.Vopel)

Ziele

Die Kinder können sich hierbei bewusst werden, wie sie einen wichtigen Aspekt ihrer Identität definieren, und zwar auf eine intuitive Weise unter Einbeziehung ihrer Phantasie.

Teilnehmer

Alle ab 10 Jahren.

Zeit

Sie brauchen ca. 45 Minuten für dieses Experiment.

Material

Papier und Ölkreiden für jedes Kind.

Spielanleitung

Ich möchte gern mit euch ein Spiel ausprobieren, das „Visitenkarte" heißt.

Stellt euch einmal vor, dass ihr ein Künstler seid, der für sich selbst eine ungewöhnliche Visitenkarte entwirft. Ihr wisst, eine normale Visitenkarte ist ein Papier, das ich anderen Leuten geben kann, damit sie meinen Namen, meine Adresse und meinen Beruf kennen. Nun, eure Visitenkarte soll ungewöhnlich sein. Ihr sollt überhaupt keine Worte darauf schreiben, sondern nur eine Zeichnung anfertigen, die irgendetwas Wichtiges von euch zeigt, sodass andere Leute wissen, dass ihr gemeint seid. Ihr sollt also auf dieses Blatt etwas malen, das Hinweise gibt auf eure Person, sodass auch jemand, der euch überhaupt nicht kennt, einen kleinen Eindruck von euch bekommt. Schreibt auch euren Namen nicht darauf.

Habt ihr verstanden, was ich meine?... Dann nehmt euch jetzt eine Viertelstunde Zeit, um eure Visitenkarte zu malen...

Unter Umständen wäre es gut, wenn Sie eine eigene richtige Visitenkarten mitbringen und darüber hinaus eine von Ihnen für sich selbst gestaltete bildhafte Visitenkarte. Das gibt den Kindern vielleicht eine klarere Idee, worum es geht.

Jetzt möchte ich gern, dass ihr mir alle eure Visitenkarten gebt. Dann werde ich sie mischen wie die Karten eines Kartenspiels und einzelne Visitenkarten hochzeigen. Ihr könnt dann sagen, was euch dazu einfällt, und Vermutungen äußern, wer diese Visitenkarte wohl von sich gemalt hat. Dann ist es wichtig, dass ihr sagt, wie ihr zu dieser Vermutung gekommen seid. So können wir versuchen, nach und nach zu jeder Visitenkarte den Besitzer zu finden...

Auswertungsgesichtspunkte

- Was hat mir an diesem Spiel gefallen?
- Was war schwierig?
- Was habe ich für die Darstellung ausgewählt?
- Wie charakteristisch ist die Darstellung für mich?
- Was haben die anderen zu meiner Darstellung gesagt?
- Wie leicht haben sie mich durch meine Zeichnung erkannt?
- Wie gut kennen mich die anderen hier überhaupt?
- Welche Seiten meiner Person zeige ich hier selten?
- Welche Überschrift würde ich für meine Visitenkarte wählen?

Erfahrungen

Dies ist ein sehr hübsches Spiel, das Sie mit großem Gewinn auch bei älteren Kindern und Erwachsenen erproben können.

Achten Sie darauf, dass im zweiten Teil des Spiels nicht sofort geraten wird, wer der Maler ist, sondern dass zunächst sozusagen naive Äußerungen kommen, die sich an den Fragen orientieren: Was ist das für ein Kind, das ein solches Bild malt? – Was will es über sich sagen? etc.

42 WAS ICH GERN TUE

(K.W.Vopel)

Ziele

Bei diesem Spiel können sich die Kinder darüber klar werden, was sie gern tun, was sie weniger gern tun und was ihnen die Haltung bedeutet, die wichtige Bezugspersonen zu diesen Aktivitäten einnehmen.

Zugleich können sie sich klarer werden, welche Konsequenzen unterschiedliche Aktivitäten für sie haben.

Teilnehmer

Ab 12 Jahren. Gruppengröße nicht über 16 Teilnehmer.

Zeit

Sie benötigen ca. 1 Stunde.

Material

Je ein Formular der Aktivitätenliste.

Spielanleitung

Ich möchte mit euch ein Experiment ausprobieren, das „Was ich gern tue" heißt.

Ich gebe euch gleich zwei Formulare. Auf dem ersten Formular steht die Überschrift „Was ich gern tue", auf dem zweiten Formular die Überschrift „Was ich ungern tue". Bitte schreibt jeweils in die erste Spalte fünf Dinge, die ihr besonders gern bzw. besonders ungern tut. Danach schreibt in die Spalte 2, was euer Vater oder eure Mutter dazu denken, und in die 3. Spalte schreibt ihr dann das, was ich eurer Meinung nach zu diesen Aktivitäten denke.

Habt ihr verstanden, was ich meine?...

Ich werde nachher einmal schauen, ob ihr damit zurechtkommt... Ihr habt 30 Minuten Zeit...

Ich möchte, dass ihr euch jetzt ein Kind aussucht, um mit ihm über das zu sprechen, was ihr herausgefunden habt. Für dieses Gespräch habt ihr 10 Minuten Zeit...

Jetzt möchte ich jedem von euch Gelegenheit geben, mir eine Sache aus seinem Katalog, die er besonders gern tut, und eine Sache aus seinem Katalog, die er besonders ungern tut, zu erzählen – und zwar nur das, was in Spalte 1 steht. Ich werde dann meine Reaktion mitteilen. Dadurch habt ihr dann Gelegenheit zu sehen, wieweit ihr richtig einschätzt, was ich zu einer bestimmten Sache denke. Und ich schlage vor, dass der Betreffende uns dann mitteilt, wieweit das, was ich wirklich gesagt habe, mit dem übereinstimmt, was er zuvor vermutet hatte, das ich sagen würde.

Auswertungsgesichtspunkte

- Hat mir das Spiel gefallen?
- Ist mir etwas Neues über mich bewusst geworden?
- Habe ich etwas Neues über einen anderen erfahren?
- Wie wichtig sind für mich die Einschätzungen der Eltern?
- Wie wichtig ist für mich die Einschätzung des Gruppenleiters?
- Waren meine Vermutungen über seine Einschätzung richtig?
- Welche Folgen ergeben sich für mich aus den Dingen, die ich gern tue?
- Was sind die Vorteile? – Was sind die Nachteile?
- Welche Folgen ergeben sich für mich, wenn ich die Dinge lasse, die ich ungern tue?
- Was sind die Vorteile? – Was sind die Nachteile?

Erfahrungen

Bei der Auswertung dieses sehr nützlichen Interaktionsspiels können Sie zwei Dinge herausarbeiten: Zum einen sollte den Kindern bewusst werden, dass sie ein Recht haben auf eigene Vorlieben und Abneigungen und dass zugleich andere Leute – in diesem Fall wichtige Bezugspersonen – das Recht haben, die Dinge, die die Kinder gern bzw. ungern tun, ganz anders einzuschätzen.

Zum anderen kann die offene Diskussion über das, was die Kinder gern oder ungern tun, den Kindern klarer machen, welche Konsequenzen sich aus ihrem Verhalten für sie ergeben, sodass sie eine solidere Entscheidungsbasis haben für das, was sie wollen und was sie nicht wollen.

FORMULAR 1

WAS ICH GERN TUE

Was ich gern tue	Was mein Vater/ meine Mutter dazu denken	Was der Gruppenleiter dazu denkt

FORMULAR 2

WAS ICH UNGERN TUE

Was ich ungern tue	Was mein Vater/ meine Mutter dazu denken	Was der Gruppenleiter dazu denkt

43 SELBSTBILD UND FREMDBILD

(K.W.Vopel)

Ziele

Die Kinder können hier einmal vergleichen, wie sie sich selbst sehen und wie sie glauben, dass sie von anderen gesehen werden. Sie haben also eine Möglichkeit, ihr Selbstbild mit dem Fremdbild zu vergleichen und zu sehen, ob sie sich selbst realistisch einschätzen.

Teilnehmer

Ab 10 Jahren. Die Gruppengröße ist beliebig. Wichtig ist, dass in der Gruppe eine vertrauensvolle Atmosphäre herrscht und dass die Kinder sich sicher fühlen.

Zeit

Sie benötigen ca. 45 Minuten für dieses Experiment.

Material

Für jedes Kind ein Kärtchen (DIN A6) und einen Bleistift.

Spielanleitung

Ich möchte mit euch ein Spiel ausprobieren, das „Selbstbild und Fremdbild" heißt.

Nehmt ein Kärtchen und schreibt auf die eine Seite „Selbstbild". Hier könnt ihr dann fünf Sätze aufschreiben, wie ihr euch selbst seht, indem ihr einige eurer Eigenschaften und Wesenszüge aufschreibt, wie z. B.: „Ich bin pünktlich bei meinen Verabredungen. Ich bin gründlich bei meinen Hausaufgaben. Ich bin ängstlich, wenn ich neue Leute kennenlerne. Ich werde ungeduldig, wenn mich meine Mutter ermahnt."

Danach sollt ihr das Kärtchen umdrehen und auf die Rückseite schreiben „Fremdbild". Hier geht es darum, wie ihr glaubt, dass euch die anderen Menschen sehen; z. B. könnt ihr hier schreiben: „Andere glauben, dass ich geizig bin. Andere finden mich gerecht. Andere denken, ich bin ein Streber. Andere halten mich für pünktlich."

Ihr habt für das Ausfüllen beider Kartenseiten eine Viertelstunde Zeit. Bitte schreibt nicht euren Namen auf die Karte.

Schreiben Sie bitte die beiden Überschriften und ggf. einige der Beispiele für alle sichtbar auf.

Nun möchte ich, dass ihr in Sechsergruppen zusammenkommt. Sucht euch die Leute aus, mit denen ihr gern zusammenarbeiten wollt... Sammelt jetzt eure sechs Karten ein, mischt sie und zieht dann jeder irgendeine Karte wieder heraus. Nacheinander sollt ihr die Sätze vorlesen, die unter der Überschrift „Selbstbild“ stehen. Lest nicht die Rückseite vor. Ratet in der Gruppe gemeinsam, von wem diese Karte stammen könnte. Erklärt bei euren Vermutungen, wie ihr dazu kommt. Sagt z. B.: „Ich glaube, dass Karin diese Karte geschrieben hat. Hier steht, dass das Kind ehrgeizig und ein guter Freund ist. Und ich finde, Karin ist ziemlich ehrgeizig, und nach meinen Erfahrungen kann sie ein guter Freund sein.“ Nachdem dann alle Kinder, die das möchten, ihre Vermutungen mitgeteilt haben, gibt sich das Kind zu erkennen, das die Karte geschrieben hat.

Dann könnt ihr zu einer neuen Karte übergehen. In einer zweiten Runde lest ihr dann vor, was unter der Überschrift „Fremdbild“ steht. Jetzt wisst ihr ja, wer die Karte geschrieben hat. Sagt einander nun, ob ihr den Aussagen zustimmt oder nicht, und begründet eure Meinung. Wenn Oliver z. B. unter der Überschrift „Fremdbild“ geschrieben hat: „Andere glauben, dass ich ein Feigling bin“, kann Michael vielleicht sagen: „Ich denke das auch. Du beteiligst dich nie an Bandenkämpfen.“ Und Karin sagt vielleicht: „Ich bin anderer Meinung. Du kritisierst manchmal den Lehrer, wenn er dabei ist. Und das finde ich mutig.“ So kann jeder herausfinden, wie andere in der Gruppe ihn wirklich sehen. Ihr habt dafür 30 Minuten Zeit, danach wollen wir alle gemeinsam das Experiment besprechen.

Auswertungsgesichtspunkte

- Wie habe ich mich bei diesem Experiment gefühlt?
- Wen habe ich mir für die Sechsergruppe ausgesucht?
- Wie war die Stimmung in unserer kleinen Gruppe?
- Habe ich mich über irgendetwas geärgert?
- Fühle ich mich verletzt?
- Glaube ich, dass ich jemanden anders verletzt habe?

- In welchen Punkten sehe ich mich ganz anders, als die Kinder hier mich sehen?
- Konnten die anderen schnell herausfinden, dass ich gemeint war?
- Habe ich irgendetwas Neues über mich erfahren?
- Habe ich irgendetwas Neues über einen anderen erfahren?
- Möchte ich irgendetwas in Zukunft anders machen?

Erfahrungen

Wenn die Kinder an selbstständige Diskussionen in kleinen Gruppen gewöhnt sind, haben sie etwas von diesem Spiel, das zugleich erste Ansätze zu einem Feedback bietet.

Weisen Sie die Kinder darauf hin, dass die Rückmeldungen der anderen auf mein Selbstbild oder Fremdbild eine Hilfestellung sind, von der ich Gebrauch machen kann oder nicht. Ich tue gut, wenn ich sie als Information auffasse und nicht als Urteil.

Geben Sie den Kindern, die das wünschen, Gelegenheit, zu kritischen Aussagen auch die Meinung anderer aus der Gruppe einzuholen, und stellen Sie am Schluss sicher, dass jeder ausdrücken kann, wenn er sich verletzt fühlt.

UNVERGESSLICHES ERLEBNIS 44

(K.W.Vopel)

Ziele

Hier können sich die Kinder ein besonders wichtiges Erlebnis aus ihrem bisherigen Leben auch gefühlsmäßig vergegenwärtigen. Sie können den historischen Sinn für den eigenen Lebenslauf vertiefen.

Teilnehmer

Ab 10 Jahren. Gruppengröße nicht mehr als 16 Teilnehmer.

Zeit

Sie benötigen ca. 35 Minuten.

Material

Papier und Ölkreiden.

Spielanleitung

Ich möchte mit euch ein Experiment ausprobieren, das „Unvergessliches Erlebnis“ heißt.

Stellt euch bitte einen Augenblick hin und schließt die Augen... Jetzt haltet die Arme in die Höhe und lasst dabei die Augen weiter geschlossen...

Stellt euch jetzt auf eure Zehenspitzen und versucht, mit den Fingerspitzen die Decke zu erreichen... Versucht, noch ein bisschen höher zu greifen... und noch ein bisschen höher... (10 Sek.)

Jetzt öffnet die Augen und setzt oder legt euch bequem hin... Sucht euch eine ganz bequeme Stellung...

Jetzt schließt die Augen wieder und haltet sie auch für die nächste Zeit geschlossen, bis ich euch sage, dass ihr sie wieder aufmachen könnt... Liegt oder sitzt ihr ganz bequem?... Versucht, es euch noch ein bisschen bequemer zu machen... Beginnt jetzt, etwas tiefer als gewöhnlich zu atmen, und stellt euch vor, dass ihr die Luft bis in die Oberschenkel und in die Arme einzieht... Atmet auch gründlich aus und achtet darauf, dass keine verbrauchte Luft in eurem Körper zurückbleibt... Stellt euch nun vor, dass ihr in einem Fotoalbum blättert, in dem wichtige Ereignisse eures Lebens abgebildet sind. Blättert in Gedanken in diesem Album... Irgendwo werdet ihr ein Bild finden, das so wichtig ist, dass ihr es nur schwer vergessen könnt. Wartet ab, was euch dieses Foto zeigt, auf dem ein unvergessliches Ereignis festgehalten ist...

Wenn ihr dieses Foto entdeckt habt, schaut es euch gut an. Bemerkt alle Einzelheiten, die abgebildeten Personen und Dinge, die Umgebung...

Wenn ihr es genug angeschaut habt, öffnet die Augen und wartet still auf eurem Platz, bis auch alle anderen Kinder so weit sind... (2 Min.)

Jetzt möchte ich, dass ihr in 3 Sekunden alle die Augen wieder öffnet...

Ich bitte euch nun, dass ihr ein Bild malt von diesem Ereignis, das euch eingefallen ist. Holt euch dafür Papier und Ölkreiden...

Ihr habt für euer Bild eine Viertelstunde Zeit. Bitte sprecht beim Malen nicht mit den anderen Kindern...

Schreibt jetzt noch euren Namen auf das Bild und schreibt auf, wann ungefähr dieses Ereignis stattgefunden hat...

Nun möchte ich, dass wir alle herumgehen, um uns die Bilder anzuschauen. Wenn ihr Lust habt, sprecht mit den Malern über ihre Bilder. Ihr habt eine Viertelstunde Zeit dafür. Danach wollen wir uns alle wieder im Kreis treffen, um noch einmal gemeinsam über dieses Experiment zu sprechen...

Auswertungsgesichtspunkte

- Wie habe ich mich bei diesem Experiment gefühlt?
- Wie fühle ich mich jetzt?
- Habe ich ein glückliches oder ein trauriges Ereignis gemalt?
- Wann habe ich zuletzt an dieses Ereignis gedacht?
- Wer war an dem Ereignis beteiligt?
- Welche Auswirkungen hatte dieses Ereignis auf mein Leben?
- Mag ich über dieses Ereignis sprechen?
- Mit wem würde ich gern noch mehr über dieses Ereignis sprechen?
- Wie kann ich mit traurigen Ereignissen fertigwerden?
- Welche Kinder haben ein ähnliches Ereignis gemalt?
- Mit welchen Kindern habe ich über ihr Bild gesprochen?
- Wer hat mit mir über mein Bild gesprochen?
- In welcher Hinsicht schränkt mich dieses Erlebnis ein?
- Ist mir irgendetwas Neues bewusst geworden über mich?
- Ist mir etwas Neues bewusst geworden über andere?

Erfahrungen

Das Spiel hilft den Kindern, den Sinn für wesentliche Vorkommnisse im eigenen Leben zu schärfen. Durch den Austausch in der Gruppe wird Respekt und Vertrauen untereinander vertieft.

Helfen Sie den Kindern, denen ein trauriges oder tragisches Schlüsselerlebnis deutlich geworden ist. Prüfen Sie mit den betroffenen Kindern gemeinsam, wieweit sie mit Beteiligten oder ihnen nahestehenden Personen über das Ereignis sprechen wollen.

Bedenken Sie selbst, dass auch scheinbar banale Ereignisse für die Kinder wichtige innere Bedeutung haben können.

45 FLASCHENPOST

(K.W.Vopel)

Ziele

Die Kinder können sich wichtiger, zum Teil abgespaltener Aspekte der eigenen Identität bewusst werden und – im besten Fall – sie stärker integrieren.

Auch im Rahmen dieses Interaktionsspiels können sich die Kinder klar darüber werden, wie sie bisher gelebt haben, was die wichtigen Ereignisse und Strömungen ihres Lebens waren. Es kommt ein besonders reizvoller Aspekt hinzu, der die Phantasie der Kinder anregt.

Teilnehmer

Alle ab 9 Jahren. Die Gruppengröße sollte 16 Teilnehmer nicht überschreiten.

Zeit

Sie brauchen ca. 20 Minuten.

Material

Sie brauchen Papier und Ölkreiden, Bleistifte, evtl. noch Flaschen und Korken.

Spielanleitung

Ich möchte mit euch ein Spiel ausprobieren, das „Flaschenpost" heißt. Stellt euch bitte einen Augenblick hin und schließt die Augen... Jetzt haltet die Arme in die Höhe und lasst dabei die Augen weiter geschlossen...

Stellt euch jetzt auf eure Zehenspitzen und versucht, mit den Fingerspitzen die Decke zu erreichen ... Versucht, noch ein bisschen höher zu greifen... und noch ein bisschen höher... (10 Sek.)

Jetzt öffnet die Augen und setzt oder legt euch bequem hin... Sucht euch eine ganz bequeme Stellung...

Jetzt schließt die Augen wieder und haltet sie auch für die nächste Zeit geschlossen, bis ich euch sage, dass ihr sie wieder aufmachen könnt... Liegt oder sitzt ihr bequem?... Versucht, es euch noch ein bisschen bequemer zu machen...

Beginnt jetzt, etwas tiefer als gewöhnlich zu atmen, und stellt euch vor, dass ihr die Luft bis in die Oberschenkel und in die Arme einzieht... Atmet auch gründlich aus und achtet darauf, dass keine verbrauchte Luft in eurem Körper zurückbleibt...

Stellt euch nun vor, ihr seid am Strand eines Meeres. Vom Wasser her weht ein frischer Wind, und ihr atmet die salzige Luft... Atmet sie tief ein und gründlich aus... (15 Sek.)

Ihr blickt auf das Wasser hinaus und denkt an die Schiffe, die auf dem Meer fahren, und an die fernen Länder, die an den Küsten des Ozeans liegen... (15 Sek.)

Dann geht ihr langsam am Wasser entlang... Ihr habt eure Schuhe ausgezogen und spürt den feinen, nassen Sand, aus dem gelegentlich Muscheln und kleine Steine auftauchen... (15 Sek.)

Ihr seid neugierig, was die Flut alles an den Strand gespült hat, und blickt aufmerksam umher... Hier liegen ein paar Seesterne, ein paar Bretter, ein paar grüne Glaskugeln von den Netzen der Fischer... Ihr möchtet gern etwas finden, was wirklich ungewöhnlich ist, und ihr geht etwas schneller... Da seht ihr in der Brandung des Meeres ein kleines rotes Fähnchen auf und ab tanzen. Neugierig geht ihr etwas näher an die Stelle, auf die das Fähnchen zutreibt. Ihr erkennt, dass irgendetwas unten an dem Fähnchen befestigt ist...

Endlich schleudert eine große Welle das Fähnchen auf den Sand und ihr seht, dass das rote Fähnchen an einer großen grünen Flasche befestigt ist... Ihr bückt euch schnell, um die Flasche vor dem Wasser in Sicherheit zu bringen... Ihr geht vom Wasser weg und setzt euch in den trockenen Sand am Fuße der Dünen...

Jetzt untersucht ihr die Flasche gründlicher, denn euch ist klar geworden, dass etwas in der Flasche sein muss... Ihr entdeckt, dass die Flasche zugeschraubt ist. Der Verschluss will nicht aufgehen. Kurzentschlossen nehmt ihr euch vor, die Flasche gewaltsam zu öffnen. Ihr packt sie am Hals und geht auf einen kleinen Felsen zu, der in der Nähe liegt...

Mit einem kräftigen Schwung schleudert ihr die Flasche gegen den Felsen. Die Flasche zerspringt in tausend Stücke, und heraus fällt ein zusammengerolltes Blatt Papier...

Ihr nehmt das Papier hoch und rollt es auseinander. Ihr seht, dass dieses Blatt beschrieben ist, und euch ist mit einem Mal klar, dass ihr eine Flaschenpost gefunden habt, die von irgendeinem Menschen stammt, der einen Brief an einen unbekannten Menschen abgeschickt hat. Ihr freut euch und seid neugierig, was in dem Brief steht...

Ihr setzt euch hin und beginnt zu lesen. Was steht in dem Brief? – Wer hat den Brief geschrieben? – Wann hat er ihn abgeschickt? – Versucht einmal, das herauszufinden... Ihr habt dafür 2 Minuten Zeit...

Sagt dem Meer und dem Strand Auf Wiedersehen...

Jetzt behaltet den Brief und seinen Inhalt gut im Gedächtnis und bringt ihn mit hierher in diesen Raum... Öffnet nun gleich die Augen... Nun nehmt euch Papier und Bleistift und schreibt auf, was ihr in der Flaschenpost gelesen habt... (5 Min.)

Ich möchte gern, dass jeder jetzt nacheinander die Botschaft vorliest, die er mit der Flaschenpost bekommen hat...

Auswertungsgesichtspunkte

- Wie hat mir dieses Spiel gefallen?
- Wie gut konnte ich mir die verschiedenen Dinge vorstellen?
- Was für ein Mensch hat die Flaschenpost abgeschickt?
- Was für ein Leben führt er?
- Wie fühlt er sich?
- Was wollte er mit seiner Flaschenpost erreichen?
- Gibt es Probleme oder Wünsche in dem Brief?
- Kenne ich diese Probleme und Wünsche auch selbst?
- Wenn ich dem Absender der Flaschenpost einen Satz sagen könnte: Was würde ich ihm gern sagen?
- Was habe ich Neues über die anderen Kinder in der Gruppe erfahren?
- Wie fühle ich mich jetzt?

Erfahrungen

Auf dem Wege der Psychoimagination können die Kinder wichtige Lebensthemen herausfinden, die sie beschäftigen, und vor allem auch gefühlsmäßigen Kontakt zu ihnen herstellen. Sie können entdecken, dass wichtige Elemente im Brief des Fremden auch im eigenen Leben eine Rolle spielen. Mit dem Verständnis für den Fremden verstärken sie intuitiv das Verständnis für sich selbst.

Es ist nützlich, wenn die Kinder vorher bereits andere Phantasieexperimente erprobt haben.

Vermeiden Sie auf jeden Fall eine Interpretation der Phantasien.

WAS GEHT MIR JETZT DURCH DEN KOPF? 46

(K.W.Vopel)

Ziele

Die Kinder sollen hier auf den vielleicht wichtigsten Punkt ihrer Identität aufmerksam gemacht werden, nämlich auf ihr Bewusstsein. Das Experiment kann ihnen helfen, genauer zu bestimmen, was sie im Augenblick denken und fühlen. Wenn die Kinder das rechtzeitig lernen, sind sie viel besser in der Lage, sich zu konzentrieren und konstruktiv und verantwortlich mitzuarbeiten.

Teilnehmer

Ab 6 Jahren. Die Gruppengröße ist beliebig. Es ist wichtig, dass die Kinder schon einige Interaktionsspiele aus dem Bereich der Wahrnehmung und der Gefühle erprobt haben.

Zeit

Sie brauchen ca. 45 Minuten.

Material

Für jedes Kind brauchen Sie Papier und Ölkreiden.

Spielanleitung

Ich möchte mit euch heute etwas Interessantes tun, nämlich einmal nach innen in den Kopf schauen. Viele Dinge gehen dort vor, und wir können versuchen herauszufinden, was im Innern unseres Kopfes geschieht.

Damit das leichter geht, soll jeder von euch gleich einen großen Kopf malen, und zwar nur den Umriss.

Holt euch bitte Papier und Ölkreiden und malt einen solchen Kopf... Nun möchte ich, dass ihr euch einmal klarmacht, was euch so durch den Kopf geht. Ihr wisst, oben im Kopf ist unser Gehirn, mit dem wir denken, mit dem wir Gefühle feststellen können, mit dem wir etwas wünschen, wollen und fürchten. Zunächst will ich euch fragen: Was geht euch durch den Kopf, wenn ihr morgens in die Schule geht? Versucht, euch das einmal klarzumachen, und erzählt uns nacheinander, was euch durch den Kopf geht, wenn ihr auf dem Schulweg seid... Was geht euch durch den Kopf, wenn ihr aus der Schule kommt?...

Warten Sie nach jeder der folgenden Fragen so lange, wie spontane Antworten von den Kindern kommen.

... wenn ihr abends vor dem Einschlafen im Bett liegt?...

... wenn ihr sonntagsmorgens aufsteht?...

Ihr bemerkt also, dass uns sehr verschiedene Dinge durch den Kopf gehen können, je nachdem, in welcher Situation wir sind, mit welchen Menschen wir zusammen sind, was gerade geschieht, wie wir uns fühlen etc.

Und jetzt möchte ich gern, dass ihr einen Moment die Augen schließt und euch klarmacht, was euch gerade *jetzt* durch den Kopf geht, in diesem Augenblick, wo ihr mit geschlossenen Augen dasitzt. Lasst euch eine Minute Zeit, um einfach einmal festzustellen, woran ihr gerade denkt... (1 Min.)

Ich werde euch gleich auffordern, das, was euch jetzt durch den Kopf gegangen ist, aufzumalen, zeichnet das in den Kopf hinein, den ihr vorher gemalt habt. Ihr könnt dazu jede passende Farbe benutzen. Ihr habt 10 Minuten Zeit für dieses Bild. Öffnet jetzt eure Augen und beginnt zu malen...

Lassen Sie nachher jedes Kind sein Bild vorzeigen und kurz erklären, was ihm durch den Kopf gegangen ist.

Auswertungsgesichtspunkte

- Woran denke ich häufig?
- Woran denke ich besonders gern?
- Woran denke ich besonders ungern?
- Wie kann ich wissen, was andere Leute denken?
- Wem sage ich gern, was mir durch den Kopf geht?
- Wem würde ich das nicht sagen?
- Wann habe ich Geheimnisse?
- Wer sagt mir, was ihm durch den Kopf geht?
- Wie fühle ich mich jetzt?

Erfahrungen

Mit diesem Spiel können Sie den Kindern behilflich sein, bewusst zu denken und zu fühlen – eine Voraussetzung für die persönliche Selbst-ständigkeit.

Damit das Spiel nicht isoliert stehen bleibt, ist es nützlich, wenn Sie die Kinder häufiger fragen: „Was geht dir gerade durch den Kopf?“ Nur so können Sie einen Transfer in den Alltag herstellen. Sie sollten das allerdings nicht tun, um Ihre eigenen Kontrollbedürfnisse zu befriedigen, sondern um den Kindern Gelegenheit zu geben, sich klarzumachen, woran sie gerade denken, und um Vertrauen zu entwickeln, einen Teil ihrer Gedanken- und Gefühlswelt anderen mitzuteilen.

47 GRABREDE

(K.W.Vopel)

Ziele

Die Kinder können sich in diesem Experiment bewusst machen, welche Erwartungen sie im Moment an ihr Leben haben. Im begrenzten Umfang können sie auch ihre Einstellung zum Tod bedenken.

Teilnehmer

Ab 12 Jahren. Die Gruppengröße sollte 16 Teilnehmer nicht überschreiten. Die Kinder sollten eine Reihe von Interaktionsspielen, insbesondere aus diesem Kapitel, kennengelernt haben. Darüber hinaus muss in der Gruppe – und zu Ihnen als Leiter – ein gutes Vertrauensverhältnis bestehen.

Zeit

Sie brauchen ca. 30 Minuten.

Material

Papier und Bleistift.

Spielanleitung

Ich möchte gern mit euch ein sehr ungewöhnliches Experiment ausprobieren, das „Grabrede“ heißt.

Es geht darum, dass sich jeder einmal mit seiner Zukunft beschäftigt. Ihr wisst, unser Leben hat einen Rahmen, wir werden geboren und irgendwann sterben wir einmal. Das sind eigentlich die beiden einzigen Tatsachen, die wir sicher vom Leben wissen. Es ist gut, dass wir uns gelegentlich diese beiden Tatsachen ins Gedächtnis rufen.

Stellt euch einmal vor, dass ihr weit in der Zukunft und gestorben seid. Irgendjemand hält eine Grabrede auf euch...

Wer soll diese Grabrede halten?... Das kann ein Pfarrer sein, ein Familienangehöriger oder ein Freund... Macht euch vor allem klar, was er in seiner Grabrede über euch sagen soll. Was würdet ihr gern hören? Wie soll euer Leben gewesen sein? – Was sollen die Höhepunkte, was die Tiefen gewesen sein? –

Was wollt ihr erlebt und erreicht haben? – Versucht einmal, euch diese Grabrede jetzt vorzustellen...

Schließt 5 Minuten die Augen und denkt darüber nach...

Nun nehmt euch das Papier und fangt an, diese Grabrede aufzuschreiben. Ihr habt dafür noch einmal eine Viertelstunde Zeit...

Fordern Sie die Kinder auf, sich einen anderen aus der Gruppe auszuwählen, dem sie ihre Grabrede vorlesen wollen und mit dem sie kurz darüber sprechen. Geben Sie dafür noch einmal 5 Minuten Zeit.

Auswertungsgesichtspunkte

- Was habe ich gefühlt, als ich an meinen Tod dachte?
- Was sind die wichtigsten Punkte in meiner Grabrede?
- Wer hat die Grabrede gehalten?
- Habe ich etwas Neues über mich erfahren?
- Habe ich über den Höhepunkt meines Lebens nachgedacht?
- Wie häufig denke ich an meine Zukunft?
- Mit wem spreche ich gelegentlich über den Tod?
- Welche Leute, die ich früher kannte, sind jetzt tot?
- Denke ich manchmal daran, dass ich sterben werde, dass mein Leben begrenzt ist?
- Wer soll mich vermissen?
- Wer sagt mir jetzt zu wenig, dass er mich lieb hat?
- Möchte ich in Zukunft irgendetwas anders machen als bisher?
- Wie fühle ich mich jetzt?

Erfahrungen

Das Experiment greift die natürliche Neugier der Kinder auf, die sich auch mit dem eigenen Tod beschäftigt. Es kann ihnen zu einer Klärung darüber verhelfen, was zur Zeit ihre wichtigsten Erwartungen an das Leben sind. Darüber hinaus kann es ein Ausgangspunkt sein für eine breiter angelegte Thematisierung des Todes. Dieser Themenbereich stellt gewisse Anforderungen an Sie als Gruppenleiter. Besonders Kinder, die bereits bittere Erfahrungen mit dem Tod gemacht haben, können gefühlsmäßig stark reagieren. Sie sollten in der Lage sein, diesen Kindern Verständnis und Anteilnahme auszudrücken.

48 ALLTAGSGLÜCK

(K.W.Vopel)

Ziele

Hier wird die Aufmerksamkeit der Kinder darauf gelenkt, dass sie glückliche Augenblicke auch im Alltag erleben können und dass das Glück nicht nur den großen und seltenen Sternstunden vorbehalten ist.

Teilnehmer

Ab 9 Jahren. Die Gruppengröße ist beliebig.

Zeit

Je nach der Teilnehmerzahl zwischen 15 und 20 Minuten.

Spielanleitung

Ich möchte mit euch ein Experiment erproben zum Thema Glück.

Schließt einmal die Augen und denkt darüber nach, was für euch der glücklichste Augenblick an einem durchschnittlichen Tag ist.

Ich meine damit also nicht die ganz großen glücklichen Ereignisse, sondern die kleinen Dinge, die euch glücklich machen können. Haltet die Augen so lange geschlossen, bis euch bewusst geworden ist, was ein solcher glücklicher Augenblick ist... Jetzt möchte ich, dass ihr in einem Rundgang kurz mitteilt, was euch eingefallen ist...

Auswertungsgesichtspunkte

- Wer hat an etwas Ähnliches gedacht wie ich?
- Woran merke ich, dass ich glücklich bin?
- Wie fühlt sich mein Körper dann an?
- Sage ich es anderen, wenn ich glücklich bin? Wem?
- Wie wichtig ist das Glücklichsein in meiner Familie?
- Wie wichtig ist das Glücklichsein in dieser Gruppe?

Erfahrungen

Dies ist ein sehr hübsches und einfaches Experiment, das gleichwohl sehr wichtig ist. Es ist eine Ergänzung zu dem folgenden Spiel.

STERNSTUNDEN 49

(K.W.Vopel)

Ziele

Im Rahmen dieses Interaktionsspiels können sich die Kinder bewusst machen, was Glück für sie bedeutet und wieweit sie in den verschiedenen Lebensphasen glücklich waren bzw. sind.

Teilnehmer

Ab 12 Jahren. Die Gruppengröße sollte 16 Teilnehmer nicht übersteigen.

Zeit

Sie brauchen ca. 45 Minuten.

Material

Papier und Ölkreiden für jeden.

Spielanleitung

Ich möchte mit euch ein Spiel ausprobieren, bei dem es um das Glück geht. Es heißt „Sternstunden". Ich habe euch Papier und Ölkreiden hergelegt. Holt euch gleich beides. Legt jetzt das Papier quer vor euch. Dann teilt es mit senkrechten Linien in drei Teile. Jeder Teil steht für ein Drittel eures bisherigen Lebens. Der linke Teil ist für das erste Drittel (also bis zu ungefähr vier Jahren), der mittlere Teil für das zweite Drittel (also bis zu ungefähr acht Jahren) und der rechte Teil ist das letzte Drittel eures Lebens (also bis zum heutigen Tag). Jetzt lasst euch bitte für jedes Drittel eures Lebens eine besonders glückliche Situation einfallen und malt diese Situation.

Es kommt beim Malen nicht darauf an, dass das Bild schön wird, sondern nur darauf, dass ihr ausdrückt, was euch einfällt. Wählt die Farben so, dass sie zu der Situation passen. Ihr habt eine halbe Stunde Zeit... Jetzt möchte ich gern, dass ihr zum Abschluss kommt. Schreibt das heutige Datum auf das Bild und euren Namen. Dann lasst das Bild auf eurem Platz liegen. Ihr habt nun Gelegenheit, die Bilder der anderen anzusehen. Geht herum und – wenn ihr wollt – sprecht mit den Malern, interviewt sie und bildet evtl. kleine Gruppen bei einem Bild, das euer besonderes Interesse weckt. Ihr könnt auch andere Kinder einladen, zu eurem Bild zu kommen.

Ihr habt eine Viertelstunde Zeit; danach wollen wir alle zusammen über dieses Experiment sprechen...

Auswertungsgesichtspunkte

- Woran merke ich, dass ich glücklich bin?
- Wie fühlt sich dann mein Körper an?
- Wann fühlte ich mich bei diesem Experiment am besten?
- Wann fühlte ich mich weniger gut?
- Wie fühle ich mich jetzt?
- Habe ich etwas Neues über mich gelernt?
- Habe ich etwas Neues über andere erfahren?
- War es leicht, mich an die glücklichen Situationen zu erinnern?
- Habe ich diese glücklichen Situationen allein erlebt oder mit anderen Menschen zusammen?
- Welche Menschen waren dabei?
- Wer ist der glücklichste Mensch, den ich kenne?
- Wer ist der unglücklichste Mensch, den ich kenne?
- Ist mein Leben eher glücklich oder eher unglücklich?
- Was kann ich tun, damit mein Leben heute glücklicher wird?
- Wie glücklich bin ich in dieser Gruppe?

Erfahrungen

Die Kinder können in diesem Experiment sich bewusster eine Glücksperspektive zulegen. Arbeiten Sie mit den Kindern heraus, dass sich Sternstunden unverdient und unplanmäßig ereignen. Was ich dazu tun kann, ist, die Hand zu öffnen.

Variation: „Welches glückliche Ereignis wünsche ich mir in den nächsten fünf Jahren?" Mit geschlossenen Augen bedenkt jedes Kind diese Frage und lässt aus dem Inneren eine Antwort auftauchen.

WAS ICH KANN UND WAS ICH HABE 50

(K.W.Vopel)

Ziele

In diesem Spiel können sich die Kinder bewusst machen, welche persönlichen Vorzüge sie haben.

Teilnehmer

Ab 8 Jahren, sofern die Kinder bereits einige Interaktionsspiele erprobt haben. Es ist gut, wenn der Kreis nicht mehr als 16 Teilnehmer hat.

Zeit

Sie brauchen ca. 30 Minuten.

Spielanleitung

Ich möchte euch ein Spiel vorschlagen, das den Namen trägt: „Was ich kann und was ich habe." Dabei kann jeder von uns mitteilen, welche Vorzüge er hat. Zu diesen Vorzügen kann alles gehören: etwas, was mit dem Körper zusammenhängt (z. B. „Ich habe schöne lange Haare") oder was jemand besonders gut tun kann (z. B. „Ich kann gut rechnen") usw. Jeder kann also das sagen, was ihm an sich selbst gut gefällt. Ich will einmal selbst beginnen und sage z. B.: „Ich bin ein guter Gruppenleiter." Dann kommt mein rechter Nachbar an die Reihe und danach dessen rechter Nachbar usw. Jeder sagt also eine Sache, die ihm an sich selbst gut gefällt, die er gut kann oder hat. Es sollen aber Sachen sein, die zu ihm persönlich gehören, also nicht: „Ich habe ein schönes Auto." So etwas ist nicht gemeint. Es muss etwas zu tun haben mit der eigenen Person.

Lassen Sie in einem Rundgang jedes Kind etwas mitteilen. Ein Kind, dem nichts einfällt, soll nicht übergangen werden; in diesem Fall sollten Sie die anderen Kinder auffordern, Hilfestellung zu geben. Im Zweifelsfall teilen Sie selbst dem Kind mit, welche Vorzüge Sie an ihm schätzen.

Sie können dieses Spiel für zwei Runden spielen.

Auswertungsgesichtspunkte

- Was hat mir bei diesem Spiel Spaß gemacht?
- Was war schwierig für mich?
- Fiel es mir leicht, mich selbst zu rühmen?
- Habe ich wichtige Vorzüge, die ich jetzt nicht gesagt habe?
- Wodurch weiß ich, was meine Stärken sind?
- Weiß ich es von mir selbst? – Von meinen Eltern? – Von meinen Freunden?
- Werden meine Vorzüge in dieser Gruppe genügend geschätzt?
- Sage ich anderen Kindern in dieser Gruppe, wenn ich etwas an ihnen mag?
- Was denke ich über die Vorzüge, die von den anderen Kindern genannt wurden?
- Habe ich Vorzüge, die für andere manchmal unbequem sind?
- Wie fühle ich mich jetzt?

Erfahrungen

Dieses Spiel kann den Kindern helfen, ein positives Selbstkonzept zu entwickeln. Sie sollten es daher in regelmäßigen Abständen wiederholen.

Variation: Jeweils ein Kind geht in die Mitte des Kreises. Die anderen sagen ihm nacheinander, welche Vorzüge sie an ihm entdecken: „Oliver, du hast kräftige Waden, ... du kannst schön lächeln, ... du bist mutig, ... du bist ein guter Rechner etc.“

DREI WÜNSCHE 51

(K.W.Vopel)

Ziele

In diesem Experiment können die Kinder sich darüber klar werden, welche wichtigen Forderungen sie an andere Kinder haben. Sie können einen wesentlichen Aspekt ihrer Identität realisieren, nämlich selbst Wünsche zu äußern und auf die Wünsche anderer mit Ja oder Nein zu reagieren.

Teilnehmer

Ab 11 Jahren. Die Gruppengröße sollte 16 Teilnehmer nicht übersteigen.

Zeit

Sie brauchen ca. 90 Minuten.

Material

Für jeden Papier und Bleistift.

Spielanleitung

Ich möchte heute ein Spiel mit euch ausprobieren, das „Drei Wünsche" heißt. Jeder soll sich jetzt einmal fragen, was in dieser Gruppe anders sein müsste, damit er sich hier noch glücklicher fühlen kann. Macht dazu bitte Folgendes:

Überlegt einmal, welche drei Wünsche ihr an andere Kinder habt, damit ihr euch hier besser fühlen könnt und glücklicher seid. Ich will ein Beispiel geben. Ein Wunsch von Jürgen könnte zum Beispiel sein: „Mark, ich möchte gern, dass du mich manchmal zum Spielen einlädst." Oder: „Ina, ich möchte gern, dass du mich manchmal anlächelst." Habt ihr verstanden, was ich meine?...

Bitte schreibt drei solcher Wünsche an andere hier in unserer Gruppe auf – mich eingeschlossen. Ihr habt dazu 10 Minuten Zeit...

Nun möchte ich, dass jeder von euch jetzt seine drei Wünsche mitteilt. Bitte sprecht dabei die Kinder direkt an, an die die Wünsche gerichtet sind. Bittet jedes Kind um eine Antwort, damit ihr erfahren könnt, ob sie euren Wunsch erfüllen wollen oder nicht. Ich denke, dass es sehr wichtig ist, dass ihr auch lernt, Wünsche abzuschlagen, wenn ihr sie nicht erfüllen wollt. Ebenso wichtig ist es natürlich, seine Wünsche zu äußern und das Risiko einzugehen, dass sie auch einmal nicht erfüllt werden.

Wenn ich zehn Wünsche äußere, und ich bekomme neun Mal eine Ablehnung und eine Zusage, dann habe ich viel mehr erreicht, als wenn ich meine zehn Wünsche für mich behalte und daher keinen einzigen erfüllt bekomme.

Fangt jetzt bitte an, uns eure Wünsche nacheinander bekanntzugeben und die Antwort zu holen. Wer möchte erster sein?...

Nach Möglichkeit sollten die Wünsche, die sofort erfüllt werden können, auch sogleich realisiert werden.

Auswertungsgesichtspunkte

- Wie habe ich mich bei diesem Spiel gefühlt?
- Was war leicht, was war schwer für mich?
- Habe ich etwas Neues über mich oder andere erfahren?
- Wieviel habe ich riskiert?
- Wieviel haben die anderen riskiert?
- Habe ich wirklich wichtige Wünsche geäußert?
- Bin ich mit den Antworten der anderen zufrieden?
- Konnte ich eine Ablehnung akzeptieren?
- Habe ich selbst Wünsche anderer an mich abgelehnt?
- Wie war die Stimmung in unserer Gruppe bei diesem Spiel?
- Sehe ich das eine oder andere Kind jetzt in einem anderen Licht?
- Wie viele Wünsche wurden an den Gruppenleiter gerichtet?
- Was ist mein größter heimlicher Wunsch?
- Wem würde ich diesen Wunsch erzählen?

Erfahrungen

Das Spiel ist sehr anstrengend, wenn sich die Kinder innerlich darauf einlassen. Es führt dann in der Regel zu einer Klimaverbesserung in der Gruppe. Es ist allerdings notwendig, dass Sie später den Kindern helfen, die hier gemachten Lernschritte – Forderungen stellen und darüber verhandeln – zu wiederholen und zu festigen.

ERFOLG UND GLÜCK 52

(K.W.Vopel)

Ziele

Bei diesem Spiel können die Kinder ihre Einstellung zum Erfolg ausführlich erforschen.

Teilnehmer

Ab 12 Jahren. Die Gruppengröße ist beliebig.

Zeit

Sie brauchen ca. 30 Minuten.

Material

Für jeden ein Exemplar des Erfolgskatalogs.

Spielanleitung

Ich möchte mit euch heute am Thema des Erfolgs arbeiten. Ich habe für jeden einen Erfolgskatalog dabei. Bitte nehmt euch eine Viertelstunde Zeit, ihn auszufüllen. Danach wollen wir gemeinsam darüber sprechen... Ich möchte gern, dass ihr euch zunächst in Vierergruppen zusammensetzt, um eure ausgefüllten Antworten einander vorzulesen und sie zu vergleichen. Ihr habt dafür wieder eine Viertelstunde Zeit...

Gehen Sie anschließend über zu einer Auswertung in der ganzen Gruppe.

Auswertungsgesichtspunkte

- Was hat mir Spaß gemacht?
- Was war eher anstrengend für mich?
- Wie fühle ich mich jetzt?
- Habe ich etwas Neues über mich gelernt?
- Habe ich etwas Neues über einen anderen erfahren?
- Habe ich eine solche Einstellung zum Erfolg, dass ich Erfolg haben kann, ohne Erfolg haben zu müssen?

- Wie realistisch sehe ich mich und meine Erfolge?
- Kann ich auch meine Misserfolge akzeptieren?
- Lieben mich andere Leute, wenn ich keinen Erfolg habe? – Wer?
- Gibt es eine Stimme in mir, die gar keinen Erfolg will? Was sagt sie?

Erfahrungen

Helfen Sie den Kindern, in der Auswertung zu einer elastischen Einstellung zum Erfolg zu kommen. Vielleicht können Sie mit ihnen herausarbeiten, dass es immer eine Differenz geben wird zwischen dem idealen abstrakten Selbstbild, das ich von mir habe, und meiner konkreten lebendigen Person.

ERFOLGSKATALOG

Bitte beende die folgenden Sätze:
Am erfolgreichsten fühle ich mich, wenn ich...
Am wenigsten erfolgreich fühle ich mich, wenn ich...
Ich bin ein Versager, wenn ich...
Mein Vater findet mich erfolgreich, wenn ich...
Meine Mutter findet mich erfolgreich, wenn ich...
Am wenigsten erfolgreich findet mich mein Vater, wenn ich...
Am wenigsten erfolgreich findet mich meine Mutter, wenn ich...
Der erfolgreichste Mensch, den ich kenne, ist...
Der Mensch mit dem größten Misserfolg, den ich kenne, ist...
In dieser Gruppe habe ich Erfolg, wenn ich...
In dieser Gruppe habe ich Misserfolg, wenn ich...
Am unangenehmsten wäre es mir, wenn jemand über mich sagt...
In dieser Gruppe finde ich am erfolgreichsten...
In dieser Gruppe finde ich am wenigsten erfolgreich...
Manchmal muss ich für den Erfolg bezahlen. Ich muss nämlich...
Einen Erfolg, für den ich nicht bezahlen muss, ist...
Noch mehr als Erfolg schätze ich...
An das Thema Erfolg denke ich jeden Tag.................................. mal.

Welchen der folgenden Sätze will ich zustimmen?
(Bitte ankreuzen)

- ❑ Ein erfolgreicher Mensch ist glücklich.
- ❑ Erfolg ist das Wichtigste im Leben.
- ❑ Erfolge kann man systematisch herbeiführen.
- ❑ Intelligenz und Geld sind die besten Voraussetzungen für Erfolg.
- ❑ Es gibt Dinge, die wichtiger sind als Erfolg.

Erfinde ein Sprichwort über das Thema Erfolg:

....

....

....